한/중/일
영화 속 근대 조선의 풍경

한중일 영화 속 근대 조선의 풍경
사람, 장소, 흔적들

초판발행 2021년 11월 30일

지은이 _ 차이나는무비(신정아, 임대근, 최준란, 박동찬)
펴낸이 _ 박찬익
펴낸곳 _ (주)박이정

주소 _ 경기도 하남시 조정대로 45 미사센텀비즈 F749호
전화번호 _ 031)792-1193   팩스 _ 02-928-4683
홈페이지 _ pjbook.com   이메일 _ pijbook@naver.com
등록 _ 2014년 8월 22일 제305-214-000028호

ISBN 979-11-5848-667-9 03680

이 책은 한국출판문화산업진흥원의 '2021년 인문 교육 콘텐츠 개발 지원 사업'을 통해 발간된 도서입니다.

한/중/일

영화 속 근대 조선의 풍경

사람/
장소/
흔적들

차이나는무비 지음

크로스 인문학적 관점에서
영화 속 조선의 근대 풍경을
거닐어 보며, 사람, 장소,
흔적이라는 세 가지 키워드를 통해
영화 속 조선의 이미지와 인물,
역사적 에피소드를 소개하였다.

(주)박이정

CONTENTS

3장. 세월은 흘러가도 산천은 안다

4장. 미완의 근대, 남겨진 과제들

별책부록 : 〈길 위의 인문학 드레싱〉
'차이나는무비플러스'와 떠나는 영화 속 테마기행

〈윤동주 로드〉 (연변 명동촌- 부암동 문학관-교토 릿쿄대)

〈이중섭 로드〉 (원산-도쿄-부산항-제주 이중섭거리)

〈이상의 공간들〉 (종로 통인동 이상의집 - 제비다방)

〈전태일 로드〉 (서울 평화시장-청계천 기념관)

〈판문점 로드〉 (파주시 캠프 그리브스-판문점-도라산역)

프롤로그

●●'차이나는 무비 플러스'팀 소개

〈차이나는 무비 플러스〉는 2016년 봄부터 한·중·일 영화 속에 나타난 역사와 문학, 예술과 인물을 탐구해 온 오디오 채널이다. 중국영화평론가, 출판전문가, 방송작가, 중국동포 유학생 청년이 함께 모여 4인 4색으로 각자의 관점에서 영화를 탐색한다.

〈차이나는 무비 플러스〉 방송은 현재 네이버오디오클립, 팟빵, 팟티 등에 연재 중이며, 이외에도 마포도서관, 동네서점, 중국영화상영관 등과 함께 크로스인문학 영화토크를 진행한 바 있다.

●● 연구 소개

본 연구를 통해 〈차이나는 무비 플러스〉의 크로스 인문학적 관점에서 본 영화 속 조선의 근대 풍경을 거닐어 본다. 사람, 장소, 흔적이라는 세 가지 키워드를 통해 영화 속 조선의 이미지와 인물, 역사적 에피소드를 소개한다. 이를 위해 한국의 근대를 비추거나 해석한 영화 20여편을 선정하고, 다양한 관점에서 해석해보고자 한다.

특히 본 연구는 통일 서사를 위한 기초 자료로서 조선인 디아스포라들의 삶과 역사, 그들의 애환을 통해 이산의 아픔과 소통의 단절을 극복하는 문화적 실천의 장으로 활용하고자 한다. 따라서 다양한 장르와 포맷으로 확장될 수 있도록 영화의 내용 분석에만 비중을 두는 것이 아니라 영화를 만든 기획자, 배우, 감독, 영화 속 사건과 실제 인물 등을 다각도로 조명하고, 역사적 장소에 얽힌 스토리를 테마로드로 제안해보고자 한다.

••책의 구성에 대하여

책의 내용은 총 4부로 구성되어 있다. 1장는 구한말 폭정과 가난을 피해 이주가 시작된 조선인 디아스포라들의 삶과 일제강점기 조선인과 고려인들의 항일운동과 고단했던 삶을 조명한다. 2장는 식민과 분단, 전쟁과 이산으로 고통을 당해야 했던 개인들의 삶에 주목한다. 시인, 성악가, 화가 등 예술인들의 모던 경성 시절과 일본 유학시절, 독립운동 등의 궤적을 실제 역사적 장소와 작품, 생애 등을 통해 살펴본다. 어린 나이에 일본군에 끌려가 모진 삶을 살아야 했던 위안부 여성들의 역사와 한을 조명하는 영화들을 통해 청산되지 않은 한-일 간의 역사 문제를 짚어본다.

3장에서는 본격적인 산업화가 추진되면서 가난한 노동자와 무고한 시민들이 독재정권과 거대 기업에게 억압과 착취를 당했던 역사를 다룬다. 과거와 현재를 이어주는 영화 속에서 사건의 해결과 남겨진 문제, 역사 속 인물들의 현재, 노동자들의 희생과 분노 등을 통해 아직 한국의 근대가 미완의 공간에 놓여 있음을 확인한다. 4장에서는 DMZ라는 분단 공간을 사이에 두고 70년에 걸쳐 쌓여온 남북의 세월과 아픔, 다시 하나가 되기 위해 고민해야 할 부분들을 영화를 통해 성찰해본다.

〈별책부록〉에서는 본문에서 다룬 근대 인물과 사건에 얽힌 실제 장소들을 테마로드로 엮어서 답사코스를 제안한다. 영화 밖에서 만나는 근대의 역사와 인물, 흔적을 직접 보고, 듣고, 느끼는 시간을 통해 지금, 여기에서 우리가 성찰해야 할 소통과 공감의 키워드를 찾는 기획이다.

●●향후 발전 방향과 구상

본 연구는 1단계 탐구 보고서로, 앞으로 〈차이나는 무비 플러스〉가 제작하고, 탐방하게 될 길위의 인문학 로드를 위한 기본 조사와 로드맵을 구축했다. 한·중·일 전문가와 영화감독, 배우와 실제 장소들을 연결하면서 식민과 분단으로 왜곡되고, 가려진 한반도의 근대화 과정을 새롭게 조명하고, 후세대들을 위한 대중콘텐츠로 제작하기 위해 영화, 책, 역사, 문학, 그림, 음악 등 다양한 소재를 가로지르며 연결하고자 했다.

●●● 일러두기

본문에 등장하는 포맷은 크게 세 가지로 나뉜다. 1) 영화소
개, 2) 영화 속 장면읽기, 3) 인문학드레싱 등이다. 1) 영화소개
는 포스터와 감독, 영화제작 시기와 배경 등을 다룬다. 2) 영화
속 장면읽기에서는 '차이나는 한 장면' 또는 '투비 오어 낫투비
(TO BE OR NOT TO BE)' 등을 통해 차별화를 시도했다. '차
이나는 한 장면'은 인상 깊었던 장면과 이유를 소개하는 포맷
이고, '투비 오어 낫투비'는 영화 속에서 '죽이고 싶은' 혹은 '살
리고 싶은' 장면이나 인물을 선택해서 소개하는 포맷이다. 3)
인문학드레싱은 영화 관련된 책, 역사, 음악, 미술 등 다양한
장르의 자료를 통해 영화 내용을 심도 깊게 다루고, 현실 속에
서 재해석하는 코너다.

1장

외롭고 높고 쓸쓸한
식민의 시간

#1. 빼앗긴 조국, 이산의 조선인들

#2. 제국의 히스테리와 독립의 꿈

빼앗긴 조국, 이산의 조선인들

••말모이••

(엄유나감독, 2018)

영화 소개

1940년대 우리말이 점점 사라져가고 있던 경성. 극장에서 해고된 후 아들 학비 때문에 가방을 훔치다 실패한 판수. 하필 면접 보러 간 조선어학회 대표가 가방 주인 정환이다. 사전 만드는데 전과자에다 까막눈이라니! 그러나 판수를 반기는 회원들에 밀려 정환은 읽고 쓰기를 떼는 조건으로 그를 받아들인다. 돈도 아닌 말을 대체 왜 모으나 싶었던 판수는 난생처음 글을 읽으며 우리말의 소중함에 눈뜨고, 정환 또한 전국의 말을 모으는 '말모이'에 힘을 보태는 판수를 통해 '우리'의 소중함에 눈뜬다. 남은 시간 한 달, 바짝 조여오는 일제의 감시를 피해 '말모이'를 끝내야 하는데… 우리말이 금지된 시대, 말과 마음이 모여 사전이 된다.

영화 속 조선의 근대

일제 강점기에 일본이 대외 침략전쟁에 깊이 빠져들고 있었던 시기인 1940년대에 일본은 식민지 통치를 보다 강화하면서 민족을 말살지경에 빠뜨리는 정책을 추진해갔다. 대표적인 것이 정신적 세뇌작업으로 한국인의 정신을 일본인으로 만들려는 것이었다. 그리하여 황국신민화정책을 추진하였고, 한편으로 한국인의 이름과 성을 일본식으로 바꾸도록 하는 창씨개명정책을 추진하였다. 그리고 한국인이 한국말을 자유롭게 하지 못하게 하고 일본어를 사용토록

하는 일본어교육 정책이었다. 학교에서도 조선어 교육을 폐지하고, 일본어로 강의하고 일본어를 기본과목으로 가르치고, 학생들의 학교생활에서도 일본어만을 사용토록 강제하였다. 이와 같이 물질이 아닌 정신적 측면에서 한국인을 일본인화하려는 정책을 추진해나가는 가운데, 한국의 지식인층의 저항을 탄압하지 않으면 그 뿌리를 뽑을 수 없다고 생각하였다.

일본의 침략이 본격화되는 1900년을 전후한 시기에 주시경(周時經)을 중심으로 한글 연구가 확대되었다. 일제 강점기에 들어서는 민족의 혼을 지켜야 한다는 민족정신을 바탕으로 더욱 발전하면서, 1921년 12월에는 조선어연구회가 창립되어 국어와 한글 연구를 꾸준히 해나갔다. 1929년 10월에는 조선어사전편찬회가 조직되었고, 사전편찬을 위한 연구로 〈한글맞춤법통일안〉, 〈표준어사정〉, 〈외래어표기〉 등 국어의 제반 규칙을 연구 정리하였다.

일제는 한국인의 민족정신이 강한 사람을 사상범으로 분류하고, 그들을 탄압하기 위하여 '조선사상범예방구금령(拘禁令)'을 공표하여 민족운동이나 민족계몽운동을 하는 한국인을 마음대로 구속할 수 있도록 하였다(1941). 이러한 분위기 속에서 함흥영생고등여학교(咸興永生高等女學校) 학생 박영옥(朴英玉)이 기차 안에서 한국말을 하다가 조선인 경찰관 야스다(창씨개명한 일본 이름, 조선이름 安正黙)에게 붙잡혀 조사를 받던 중, 서울의 정태진(丁泰鎭)으로부터 민족정신을 지키도록 교육받았다는 사실을 알

아내고, 정태진을 추적하였다.

그 결과 서울에서 조선어사전을 편찬을 하고 있음을 알아냈다. 당시 조선어사전은 대동출판사에서 인쇄를 하고 있었다(1942.4). 나아가 정태진의 배후를 조사하면서, 그와 관련된 조선어학회가 민족운동을 하는 단체라는 억지 자백을 받아냈다. 그리하여 한글교육 폐지와 조선의 지식인을 모두 검거해야 한다는 단서를 갖게 되었다. 이로 인해 조선어학회 관련 학자들이 1942년 10월 1일부터 1943년 4월 1일까지 모두 33명이 검거되었고, 그리고 증인으로 붙잡혀간 사람도 48명이나 되었다. 이들은 검거과정과 취조과정에서 혹독한 고문을 당하였다.

──────────────────────── │ 관련 자료

국립중앙박물관 편집부, 〈한글학자들의 겨레사랑〉, 국립중앙박물관, 2008.

박용규, 〈조선어학회 항일 투쟁사〉, 형설출판사, 2012.

박용규, 〈조선어학회 33인〉, 역사공간, 2014.

정재환, 〈나라말이 사라진 날〉, 생각정원, 2020.

영화 <말모이>는 비극적인 시대를 배경으로 하지만 영화 중간중간 코믹한 장면들을 만날 수 있다. 전국에서 사람들이 모여 표준어를 정하는 과정에서 '엉덩이'와 '궁둥이' 등 다양한 방언들이 터져나오는 장면도 관객들의 웃음을 자아낸다. 그러나 역시 시대가 시대인 만큼 울컥하게 되는 장면들도 담겨 있다.

신여성의 <차이나는 한 장면>

'말모이' 편찬 작업이 큰 위기에 봉착하자 조선어학회는 마지막 도전처럼 잡지에 광고를 넣어 전국 각지에 도움을 구한다. 그러나 조선어학회로 오는 편지들은 모두 조선총독부가 중간에 가로챈 상황. 이때 한 양심적인 우편부가 몰래 모아놓았던 편지들을 류정환(윤계상 분)과 김판수(유해진 분)에게 보여준다. 편지들을 통해 전국 각지, 각계각층의 사람들이 조금씩 도움의 손을 내밀었다는 사실이 밝혀지죠. 결국 '말모이'도 시민들이 한 땀 한 땀 써서 만들어진 것이라고 생각하게 되는 인상적이다.

자영업의 <차이나는 한 장면>

'자영업'은 조선어학회 대표 류정환이 감판수와의 한바탕 갈등을 겪고 감판수의 집으로 가 다시 설득하는 장면을 꼽았다. 류정환은 김판수를 설득하며 민들레의 어원에 대해 말하게 된다. 문 주변에 흐드러지게 놓여있다 하여 처음에는 '문둘레'로 부르다 점차 민들레로 변했다는 이야기를 전하는 장면이다.

영화 속 <차이나는 한 마디>

"선생님, 민들레가 왜 민들레인 줄 아십니까?

문 주변에 흐드러지게 많이 피는 꽃이라 해서 민들레.

그래서 민들레가 되었답니다.

(아버지는) 한 사람의 열 걸음보다

열 사람의 한 걸음이 더 큰 걸음이리라 가르치셨습니다.

민들레 홀씨처럼 그 걸음걸음이 퍼져나가

세상을 바꾸고 결국엔 독립을 이룰 수 있다고요.

사람이 모이는 곳에 말이 모이고, 말이 있는 곳에 뜻이 모이고,

그 뜻이 모인 곳에 독립의 길이 있지 않겠냐고요."

•• 명자아끼꼬쏘냐 ••

(이장호감독, 1992)

동진은 연상의 여인 명자에게 이성의 눈을 뜨지만 그녀가 동경 유학생 유민호와 깊은 관계임을 알고 고향을 떠난다. 1943년, 동진은 일본 공산당에 가입해 테러리스트로서 항일 투쟁의 제일선에서 활약하던 중 까페의 마담이 되어있는 명자와 재회하게 된다. 그러나 동진은 명자를 카페로 팔아넘긴 매춘업자를 살해하고 떠나고, 명자는 동진의 파트너인 야마모토와 깊은 사랑에 빠져 결혼까지 이른다. 그러나 야마모토는 곧 헌병대장에게 체포되고 만다. 그 후 사할린에 도착한 동진은 명자를 찾아 이곳 저곳을 수소문하던 끝에 한때 그를 사랑했던 가즈꼬를 통해 해방 이후 행방불명이 될 때까지의 명자 소식을 듣고 가까스로 명자를 찾아 45년 만에 해후한다. 그러나 명자는 북한 국적자로서 귀국할 수 없는 처지가 되어 있음을 알고 두 사람은 머나먼 조국 하늘을 응시한 채 사무치는 통한을 금치 못한다.

고려인 이주 역사 및 현황

1860년 무렵부터 1945년 8월 15일까지의 시기에 농업이민, 항일독립운동, 강제동원 등으로 현재의 러시아 및 구소련 지역 (우즈베키스탄·카자흐스탄·우크라이나·키르기스스탄·투르크메니스탄·타지키스탄 등)으로 이주한 이와 그 친족을 일컫는 말이다. 한국인이라는 의미의 러시아어인 '카레이츠(Корейцы)'라고도 부른다.

두만강 근처에 거주하던 한인들이 러시아 극동지방인 연해주로 들어가 살기 시작한 것은 1860년 이전부터라 전해진다. 하지만 문헌에는 1863년(철종 14) 한인 농민 13세대가 두만강을 몰래 건너 연해주 포시에트(Posyet) 지역에 정착하면서 최초의 이주가 이루어졌다고 기록되어 있다. 이들은 봉건지주와 관리들의 수탈과 착취, 횡포를 피해 국외로 이주한 함경도 출신 농민들이었다.

구한말과 일제강점기에 고려인은 항일의병활동과 독립운동의 선봉에 섰고, 연해주는 항쟁의 배후기지가 되었다. 러일전쟁은 농민뿐 아니라 항일·독립 운동가 등의 연해주 이주를 촉발시킨 계기가 되었다. 고려인 수만 명은 1908년 조직된 연해주 의병에 참여하였고, 1910년 국권피탈 후에는 민족운동단체들을 조직하며 독립을 위하여 헌신했다. 이주자 출신 최재형을 비롯하여 안중근, 홍범도, 이범윤, 이동녕 등의 독립투사들도 연해주에서 독립운동을 펼쳤다. 1920년 4월에는 고려인 사회의 구심점이자 항일운동 본거지였던 블라디보스토크의 신한촌에 일본군이 기습하여 학살과 방화를 자행하는 사건(4월 참변)이 발생하였다.

1937년, 소련 스탈린 정권은 고려인 사회에 일본첩자들이 침투하는 것을 막기 위해 격리한다는 구실로 고려인들을 중앙아시아로 강제이주시켰다. 강제이주에 앞서 고려인 지식인 약 2,500명은 "일본의 사주로 무장봉기를 계획하고 있다"는 날조된 혐의를 받고 대부분 처형당하였다. 고려인들은 출발 1주일 또는 2~3일 전에야 이주 통보를 받고 거의 맨몸으로 살던 곳을 떠났다. 약 18만 명이 3~4주간 시베리아 횡단 화물열차에 짐짝처럼 실려 약 6,000km를 이동한 뒤 중앙아시아의 황무지에 내버려졌다. 이동 중 목숨을 잃은 이들과 추운 겨울을 못 넘긴 이들을 포함하여 강제이주 전후 약 1만~2만 5,000명이 사망했다고 전해진다.

삶의 터전에서 강제로 추방당했지만 고려인들은 중앙아시아의 척박한 땅을 개척해 벼농사와 목화농사를 지으며 빠르게 정착하였고, 모범적인 다수의 고려인 집단농장(콜호스)을 탄생시켰다. 1960년대까지 인구 30여만 명이던 고려인사회는 주로 농업분야에서 약 200명의 사회주의 노동영웅을 배출하였는데, 소련 내 민족 구성원 비율로 보면 고려인의 영웅 숫자가 가장 많았다. 하지만 강제이주 후 1953년 스탈린이 사망할 때까지 고려인은 거주이전의 자유가 없었고 비밀경찰의 통제 속에 살았다. 국가기관 취업과 취학이 제한되었고, 정계 진출도 막혀 있었다. 소수민족 언어에서 고려어(한국어)가 제외되고, 고려인학교는 폐쇄되었다. 고려인들은 이런 핍박 속에서도 근면함을 발휘하였고, 미래를 위해 자녀교육을 가장 중요하게 여겼다. 1953년 이후 거주지 제한 조치가 해제되자 고려인들은 도시로 이주하기 시작하였고, 많은 젊은이들이 교사·의사·엔지니어 등 전문직에 진입하였다. 1989년 고려인의 도시거주 비율은 85%에 이르렀고, 직업 비중은 전문직, 노동자, 농민, 학생 순으로 높았다.

1991년 소련이 해체되며 15개의 신생 독립국이 탄생하였다. 독립국가의 배타적 민족주의가 대두하고, 고유의 언어를 사용하기 시작하면서 소련 당국으로부터 인정받으며 비교적 안정적으로 생활하고 러시아어를 사용했던 고려인들은 타격을 입었다. 언어 문제는 사회·경제적 불평등을 야기했고, 고려인들의 입지는 점차 약화되었다. 상당수는 러시아의 극동지역 특히 연해주로 재이주하였는데, 2000년대 초까지 약 7~8만 명이 돌아간 것으로 파악되었다.

2000년대 중반부터 한국으로 귀환하는 고려인동포가 많아졌고, 2010년대 중반부터는 해마다 그 수가 대폭 증가하였다. 출입국 통계에 의하면 국내거주 고려인은 2020년 4월 기준 85,072명이며, 국가별 비중은 우즈베키스탄 46%, 러시아 33%, 카자흐스탄 15%이다. 안산을 비롯하여 아산·인천·경주·광주(광역시) 등에 많이 거주하며, 안산 땟골마을과 광주 고려인마을 등이 집단 거주지로 유명하다. 2010년 11월에는 〈고려인동포 합법적 체류자격 취득 및 정착 지원을 위한 특별법〉이 제정되었다. 외교부가 발표한 2019년 기준 재외동포 현황에 따르면 총 750여만 명의 재외동포 중 러시아와 중앙아시아에 사는 고려인은 약 50만 명(우즈베키스탄 약 18만 명, 러시아 약 17만 명, 카자흐스탄 약 11만 명 등)에 달하는 것으로 나타났다.

고려인 독립운동가 최재형의 궤적

돈을 쓰는 데 목숨을 건 사람이 있었다고 하면 지금의 우리로
서는 이해가 잘 안 되는 일이다. 독립운동가로 잘 알려지지 않
은 이름 '최재형'은 바로 그런 삶을 살아간 사람이다.

그는 1860년 함경북도 경원군에서 노비와 기생 사이에서 태
어나서 아홉 살 때 아버지를 따라 러시아 지신허라는 한인 마
을에 정착했다. 2년 후 가출을 해서 굶어죽기 직전에 러시아상
선 선장 부부에게 구출되어 선원생활을 하게 된다. 학식과 견
문을 넓히게 되어 후에 사업가로 크게 성공한다. 러시아어에
능통하여 통역관으로서도 큰 역량을 발휘해서 러시아 은급훈
장을 받기도 했다.

그는 한인 마을에 많은 학교를 세워 인재를 키워냈으며 그들을
대거 등용해 한인사회의 기틀을 잡았다. 최재형은 1908년 항
일조직인 동의회를 조직하고 의병을 창설했다. 이토 히로부미
를 저격한 안중근 의사에게 권총을 구해준 이가 최재형이었다.
안중근 의사 구명운동에 실패하자 의사의 남은 가족을 돌봤
다. 요약하기 어려울 정도인 그의 우국충정은 일본인에겐 눈엣
가시 같은 존재일 수밖에 없었다. 최재형은 1920년 체포되어
재판 없이 총살당했다. 그가 살던 우수리스크의 집은 독립운동
기념관으로 지정되었다.

관련 자료

강현모 김균태, 〈우즈베키스탄 고려인의 이주와 삶〉, 글누림, 2015.

김호준 주류성, 〈유라시아 고려인, 디아스포라의 아픈 역사 150년〉, 2013.

박종효, 〈러시아 연방의 고려인 역사〉, 도서출판선인, 2018.

박환 민속원, 〈중앙아시아 고려인의 삶과 기억과 공간〉, 2018.

최재형기념사업회: https://www.choijaihyung.or.kr/

●● 건축무한육면각체의 비밀 ●●

(유상욱감독, 1998)

이상에 관한 졸업논문을 준비하고 있던 용민(김태우)는 우연히 PC통신에서 'MAD 이상 동호회'를 발견하고 모임에 나간다. 핑크 플로이드의 음악을 능가하기 위해 이상이 필요하다는 카피 캣(박정환), 그림을 완성하기 위해 이상의 자화상이 필요한 캔버스(권병준), 이상과 포스트 모더니즘 시인에 관한 비교기사를 써야하는 태경(신은경), 그리고 자신의 계보를 찾기 위해 이상이 필요하다는 모임의 회장 덕희(이민우) 등을 만난 용민은 그 자리에서 이상에 관한 새로운 사실을 듣는다. 1931년에 김해경이라는 이름으로 건축기사를 하던 이상이 사라져 33년에 '건축무한 육면각체의 비밀'이라는 시와 함께 돌아온 것이다. 멤버들은 사라진 2년에 대한 가상 소설을 릴레이로 연재하기 시작하고 그들의 소설이 시작됨과 함께 하나씩 죽음을 당한다. 카피 캣, 캔버스에 이어, 마지막으로 덕희는 안기부를 해킹하고 사건의 실마리를 남긴 채 사라진다.

1979년 Z백호팀의 또다른 멤버. 금괴 공장의 금괴에 눈이 멀어 버렸다. 그래서 하야시 나츠오를 죽여야하는 임무 따위는 아웃 오브 안중이었다. 혼자 금괴를 찾겠다고 장형준을 버려두고 굴 속을 싸돌아다니다 하야시 나츠오에게 빙의된다. 이상의 비밀을 쫓게 되면 1719부대의 야욕이 드러나게 될까봐 관련된 인물들은 모조리 죽였다. 결국 용민과 태경이 그 중심부를 습격하자 납치했던 덕희에게 하야시 나츠오의 영혼을 넘기려 하지만 덕희의 저항 끝에 동반으로 죽고 만다. 이 때 김성범이 덕희를 낭떠러지 쪽으로 끌고가며 "이상의 마지막 유언이 뭔지 말해!!"라고 소리치자 덕희는 용민을 바라보며 "레몬 향기가 맡고 싶다!"를 외쳤다. 그 둘은 결국 낭떠러지 아래로 추락해버렸고, 진정한 장치는 바로 레몬 향기가 나는 것임을 안 용민은 십이지상의 냄새를 맡기 시작한다. 향기가 나는 장치를 찾고나서 조심스럽게 작동을 시키자 박혀있던 큰 쇠기둥이 뽑혀져나가며 굴 전체가 무너져내리기 시작한다. 용민은 가까스로 몸을 추스려 태경의 손을 잡고 밖으로 뛰어나가지만 결국 동굴 전체가 무너져 내릴 지경에 일단 물 웅덩이 속으로 몸을 던진다. 그런데 놀랍게도 주변이 밝아지며 수풀이 보이고, 그 곳은 바로 경회루가 있는 연못이었다.

꿈꾸미의 <투비 오어 낫투비>

하야시 나츠오, 결국 영화 속 모든 문제는 이 사람 때문에 발생한 것이기에 생각할 거리도 없이 이유불문 낫투비이다. 하야시 나츠오는 일본제국을 상징하는 일종의 기호로 작용한다. 1945년 해방이 되고 광복을 찾았다고는 하지만 여전히 남아서 한국의 어느 부문에 도사리는 잔재 같은 존재이다. 역사의 중심이라고 인식되는 국립중앙박물관의 지하에 묻혀있다는 사실이 이를 뒷받침한다. 영화는 하야시 나츠오를 통해 일제의 잔재, 적폐가 우리 사회에 아직도 꽤 남아있음을 설명하고 싶었던 것 같다.

책사의 <투비 오어 낫투비>

인상 깊은 대사와 함께 장면 하나를 투비하고 싶다. 마지막 장면인데 다시 이상을 살려보려는 의도에서인지 이상의 마지막 유언이라고 하는 멘트가 나온다. 영화 속에서는 '레몬 향기가 맡고 싶다.'로 소개된다. 책사는 이 멘트가 진짜 이상이 유언으로 남긴 말인지가 너무 궁금해서 찾아보았다고 한다. 실제로 이상은 병상에서 레몬이 먹고 싶다, 레몬 향기가 맡고 싶다를 임종을 지키던 김향안 여사에게 전했다고 한다. 김향안 여사가 쓴 〈월하의 마음〉이란 글이 있는데 이상은 도쿄에 가 있고 이상의 임종을 앞두고 김향안이 뛰어가 임종을 지키는 대목이 잘 기록되어 있다. 그런데 사실을 짚고 넘어가자면 여기서의 기록은 레몬이 아니라 멜론이 먹고 싶다는 거로 되어있다.

신여성의 <투비 오어 낫투비>

pc통신을 이용해 소통하는 동호회 화면을 보면서 향수에 젖었
다. 영화 속 이상 동호회 같은 경우도 자기 삶에 그렇게 큰 도
움이 되는 게 아닌데도 집요하고 즐기고 친구가 되기도 하고,
가족이 되기도 한다. 여기서 중요한 매개를 하는 도구가 pc통
신이다. 그때 당시는 통신에서 만나서 결혼도 하고 그랬다. 응
답하라 1997에서도 나오지만, 우리 시대의 사람들을 엮어주
는, 세기말적이고 파편화된 생활 속에서도 누군가의 목소리가
그립고 자기 얘기를 들어주는 익명의 누군가를 찾아 나설 때
가장 도움이 됐던 도구가 pc통신이었다.

자영업의 <투비 오어 낫투비>

영화 속 두 번이나 언급된 멘트 한 마디가 기억에 강렬하게 남
는다. 세상에서 막을 수 없는 게 두 가지가 있다. 젊은이의 호
기심과 늙은이의 주책.

이상의 임종을 지킨 아내, 변동림

본명은 변동림(卞東琳), 본관은 초계(草溪)이다. 1916년 서울
에서 태어났다. 서양화가 구본웅(具本雄)의 계모인 변동숙(卞
東淑)의 이복동생으로, 경성여자고등보통학교(경기여고)를 거
쳐 이화여자전문학교 영문과를 졸업하였다. 1930년대 중반부
터 문학활동을 하기 시작하였고, 1936년 시인이자 소설가인
이상(李箱)과 결혼하였다.

그러나 결혼 3개월 만에 이상이 일본으로 건너가 1937년 4월
도쿄[東京]에서 폐결핵으로 사망한 뒤, 1944년 서양화가 김환
기(金煥基)와 재혼하였다. 1955년 김환기와 함께 프랑스 유학
길에 올라 파리에서 미술평론을 공부하였고, 1964년 미국 뉴
욕으로 건너간 이후 줄곧 뉴욕에서 살았다.

1974년 김환기가 세상을 떠난 뒤에는 남편의 유작과 유품을
돌보는 한편, 1978년에는 환기재단을 설립해 김환기의 예술을
알리는 데 힘썼다. 1992년에는 서울 종로구 부암동(付岩洞)에
자비(自費)로 환기미술관을 설립하였는데, 사설 개인 기념미술
관으로는 국내 최초이다. 저서로는 수필집《파리》《우리끼리의
얘기》《카페와 참종이》와 김환기의 전기(傳記)《사람은 가고
예술은 남다》가 있다.

이상의 유언에 담긴 실체적 진실

영화에서 이상이 임종 직전 남긴 말로 "레몬 향이 맡고 싶다"
가 나온다. 그러나 사실 변동림의 기록에 보면 레몬이 아니라
멜론으로 표현되어 있다. 훗날 김향안이 자신의 저서에 기록한
글에는 명확하게 '메론'이라고 표기되어 있기 때문이다.

나는 열두 시간 기차를 타고 여덟 시간 연락선을 타고 또 스물네 시간 기
차를 타고 동경에 닿았다. 동대 병원 입원실로 직행하다. 이상의 입원실, 다다
미가 깔린 방들, 그중의 한 방문을 열고 들어서니 이상이 거기 누워 있었다.
인기척에 눈을 크게 뜨다. 반가운 표정이 움직인다. 나는 무릎을 꿇고 그
옆에 앉아 손을 잡다. 안심하는 듯 눈을 다시 감는다. 나는 긴장해서 슬프
지 않았다. 어떻게 해야 살릴 수 있나, 죽어간다고는 믿어지지 않았다. 상은
눈을 떠보다 다시 감는다. 떴다 감았다. 귀에 가까이 대고 "무엇이 먹고
싶어?", "셈비끼야의 메론" 이라고 하는 그 가느다란 목소리를 믿고 나
는 철없이 센비키야에 메론을 사러 나갔다. 안 나갔으면 상은 몇 마디 더 낱
말을 중얼거렸을지도 모르는데. 멜론을 들고 와 깎아서 대접했지만 상은
받아넘기지 못했다. 향취가 좋다고 미소 짓는 듯 표정이 한 번 더 움직였을
뿐 눈은 감겨진 채로. 나는 다시 손을 잡고 가끔 눈을 크게 뜨는 것을
지켜보고 오랫동안 앉아 있었다."

- 김향안 에세이 〈월하의 마음〉 397쪽

센비키야(일본어: 千疋屋)는 일본의 과일 전문점이다. 1834년에 창업했으며, 본점은 도쿄도 주오구 니혼무로마치에 있다. 180여 년 동안 센비키야의 명성은 철저한 품질 관리에서 출발한다. 센비키야에서 가장 많은 매출을 일으키는, 가장 대표적인 과일 머스크멜론은 일본 유수의 산지 시즈오카현의 전속계약 농가에서 키운다. 경영진이 수시로 농가를 찾아 품질을 확인할 정도로 철저한 품질 관리로 명성이 자자하다. 사내에는 멜론의 상태를 감정하는 전문가들이 포진해 모양과 소리만으로 먹기 좋은 최적의 시기를 파악해낸다. 멜론뿐 아니라 다른 과일들도 마찬가지로 최상의 품질을 유지하기 위해 전문가들이 동원된다.

이상이 활동했던 일제강점기 문학단체, 구인회

1933년 8월이종명(李鍾鳴)·김유영(金幽影)의 발기로 이효석 (李孝石)·이무영(李無影)·유치진(柳致眞)·이태준(李泰俊)·조용 만(趙容萬)·김기림(金起林)·정지용(鄭芝溶) 등 9인이 결성하였 다. 그러나 발족한 지 얼마 안 되어 발기인인 이종명·김유영과 이효석이 탈퇴하고 그 대신 박태원(朴泰遠)·이상(李箱)·박팔양 (朴八陽)이 가입하였으며, 그 뒤 또 유치진·조용만 대신에 김유 정(金裕貞)·김환태(金煥泰)가 보충되어 언제나 인원수는 9명 이었다.

특별히 주장한 목표는 없으나, 경향주의 문학에 반하여 '순수예 술추구'를 취지로 하여 약 3~4년 동안 월 2~3회의 모임과 서 너 번의 문학강연회, 그리고 『시와 소설』이라는 기관지를 한 번 발행하였다. 이처럼 활동은 소극적이었으나, 당시 신인 및 중견 작가로서 이들이 차지하는 문단에서의 역량 등으로 인해 '순수 예술옹호'라는 문단의 분위기를 형성하기도 하였다. 특히 이태 준은 서정성이 높은 문장과 미의식에 있어서 거의 독보적인 경 지를 펼쳐갔다. 이효석도 시골이나 도회의 주변적 인물이 지닌 애수 섞인 삶의 양상에 특출한 묘사력을 가지고 예술적 개성을 성취한 서정적 작가였다. 박태원은 「사흘 굶은 봄달」·「옆집 색 시」·「오월의 훈풍」 등을 발표하였고, 표현과 묘사의 기교에 관심을 기울인 작가로서 간결체 문장의 아름다움을 성공시킨 점을 들 수 있다. 뒤에는 「천변풍경(川邊風景)」과 같은 작품을 써서 풍속적 저변을 들추어내어 사실주의에 기울어져갔다. 이밖에도 정지용의 시에 있어서 상실감의 포착과 그 정서의 표현은 거의 독보적이었고, 감각의 예리성과 섬세함이 형상성을 이루어 사상파(寫像派)의 효시가 되었다. 김기림도 시의 회화적·감각적 심상에 주력한 근대주의적 서정성을 드높인 시인이었다.

이상문학상과 한국 문단의 현실

이상문학상은 이상의 작가 정신을 계승할 목적으로 1977년 문학과사상의 설립자인 이어령 전 문화부장관이 제정한 상이다. 매년 발표된 단편 소설들 가운데 우선 8편을 선정한 후, 그 가운데 한 작품에 대상을 수여한다. 동인문학상, 현대문학상과 함께 국내 최고 권위의 문학상으로 자리잡으며 대한민국을 대표하는 문인들을 배출하는 등용문이 되어왔다.

1977년 1회 대상 수상작은 김승옥 작가의 〈서울의 달빛 0장〉이었고, 이청준, 오정희, 박완서, 최인호, 이문열, 한승원, 조성기, 양귀자, 윤대녕, 은희경, 이인화, 김훈, 한강, 김연수, 박민규,

공지영, 김영하, 구효서 등의 작가들이 이상문학상을 통해 작품을 인정받았다.

그러나 2020년 이상문학상 우수상 수상작가 김금희가 수상을 거부하면서 논란이 시작되었다. 김금희작가는 문학사상사에서 수상 작가들에게 단편 저작권을 3년간 양도하고, 작품 표제작으로도 사용할 수 없게 하는 독소 조항에 대한 문제제기에 대해 "작가의 권리를 취하며 주는 상은 존중이 아니다"라는 메시지를 통해 문제를 제기했다. 뒤이어 최은영, 이기호 등의 작가가 수상을 거부했고, 급기야 2019년 대상 수상자인 윤이형 작가가 절필을 선언하면서 파문은 더욱 거세졌다. 결국 문학사상사는 저작권 양도 조항을 없애고, 표제작 사용만 1년간 금지한다는 조건을 내세웠지만 논란은 수그러들지 않았다. 결국 2020 이상문학상은 수상작을 선정하지 않고, 수상작품집 역시 내지 않는 것으로 결론이 났다.

김향안, 〈월화의 마음〉, 2005, 환기미술관

장용민, 〈건축무한육면각체의 비밀1〉, 1997, 미컴.

장용민, 〈건축무한육면각체의 비밀2〉, 1998, 미컴.

영화의 원작은 1997년과 1998년에 출간된 장용민 작가의 동명 소설이다. 이후 2007년 소설의 개정판이 출간되었다. 서울역의 신역사와 구역사가 등장하고, 홍대 클럽이 접선 장소로 등장하는 등 소설의 배경과 전개를 2000년대의 서울 사정에 맞게 바꾸고 구인회의 영화 등 새로운 단서를 추가해서 거의 다른 소설이라도 봐도 좋을 정도로 내용이 많이 바뀌었다.

제국의 히스테리와 독립의 꿈

•• 봉오동 전투 ••

(원신연감독, 2019)

영화 소개

1919년 3.1운동 이후 봉오동 일대에서 독립군의 무장항쟁이 활발해진다. 일본은 신식 무기로 무장한 월강추격대를 필두로 독립군 토벌 작전을 시작하고, 독립군은 불리한 상황을 이겨내기 위해 봉오동 지형을 활용하기로 한다. 항일대도를 휘두르는 비범한 칼솜씨의 해철(유해진)과 발 빠른 독립군 분대장 장하(류준열) 그리고 해철의 오른팔이자 날쌘 저격수 병구(조우진)는 빗발치는 총탄과 포위망을 뚫고 죽음의 골짜기로 일본군을 유인한다. 계곡과 능선을 넘나들며 귀신같은 움직임과 예측할 수 없는 지략을 펼치는 독립군의 활약에 일본군은 당황하기 시작하는데... 1920년 6월, 역사에 기록된 독립군의 첫 승리 봉오동 죽음의 골짜기에 묻혔던 이야기가 시작된다.

차이나는 무비 pick

원신연 감독의 〈봉오동 전투〉는 3·1 운동 이듬해 독립군의 무장 저항운동이 거세진 상황에서 만주의 봉오동에서 일어난 무장 독립군의 최초의 대규모 승리, 봉오동전투를 다루고 있다. 영화 구성을 먼저 보면, 영화 제목처럼 전투 장면을 주요 장면으로 설정했기 때문에 전투 장면은 진지하고, 전투 장면 전후로 유머러스한 요소들이 적절하게 배치되었다. 물론 캐릭터 설정이나 촬영에 있어서는 조금의 아쉬움이 있는 것도 사실이다. 실제로 영화 포스터에 쓰여진 '마지막 조선'이라는 표현도 문제 제기가 된 바 있다. 1919년 3월 대한민죽 임시정부가 수립되고, 봉오동 전투에 참여한 독립군은 당시 임시정부에게 정통성을 승인받았기 때문이다. 이 밖에 크고 작은 아쉬움에도 불구하고 두 시간이라는 러닝 타임이 어떻게 흘러 갔는지 모를 정도로 재미있게 본 영화 역시 〈봉오동 전투〉이다.

책사의 〈차이나는 한 장면〉

영화 속에서 더욱 살리고 싶은 캐릭터를 꼽자면 우선 최유화 배우가 연기한 '임자현'이다. 이 역은 영화 〈암살〉에서 전지현 배우가 연기한 안옥윤 역과 비슷하다. 이 두 캐릭터는 실제 여성 독립운동가인 '남자현' 열사를 모티브로 했다고 한다. 〈암살〉에서는 큰 비중으로 다루어졌는데, 〈봉오동 전투〉에서는 조명받지 못한 것 같은 아쉬움이 있다. 한편 감독이 '임자현'의 캐릭터를 만드는데 있어 남자현 열사와 함께 참고했다는 또다른 인물이 있다. 유관순 열사의 친구로 알려진 남동순 열사이다. 남동순 열사는 남편이 독립군으로 활약하던 중 일본군과의 전투에서 생을 마감하자 독립 의병 활동을 더욱 열심히 돕고, 본인이 직접 총을 배워 암살 지령을 받아 활동하기도 하였다. 이 캐릭터가 더욱 살아난다면 우리는 더 많은 여성 독립운동가들을 생각하게 될 것이다.

자영업의 <차이나는 한 장면>

영화에 직접적으로 등장하지 않았지만, 그렇기에 오히려 캐릭터로서 살려볼 필요가 있는 인물도 있다. 실존 인물인 '최운산 장군'이다. 사실 우리에게는 봉오동 전투하면 '홍범도 장군', 청산리 전투하면 '김좌진 장군'이 먼저 떠오른다. 그러나 최운산 장군은 봉오동 전투에 숨겨진 주역이라고 할 만큼 중요한 인물이다. 최운산 장군은 당시 북만주 제일의 부자라고 불릴 정도로 간도 최고의 재벌이었다. 그는 이 경제력을 바탕으로 봉오동 골짜기에 마을을 만들고, 군사기지를 만들었다. 당시 만주 지역에서 활동하는 독립군 세력들이 여러 갈래로 흩어져 있었는데, 최운산 장군의 주도로 북로군정서, 의군부, 광복단 등 6개 단체가 '대한북로독군부'라는 이름으로 합쳐지게 되었다. 봉오동 골짜기로의 대규모적인 통합과 최운산 장군의 경제적 지원 없이는 봉오동 전투에서의 승리는 매우 힘들었을 것이다.

신여성의 <차이나는 한 장면>

〈봉오동 전투〉에는 살리고 싶은 캐릭터 외에 더욱 살리고 싶은 장면들도 여럿 있다. 우선 류준별 배우가 연기한 '이장하'가 누나를 그리워하며 눈물을 흘리는 장면이다. 이 장면은 〈봉오동 전투〉에서 가장 촉촉하고, 감성적인 장면이다. 영화라는 장르에서 가장 중요한 특징 중 하나는 건조하지 않고 촉촉한 예술이라는 것이다. 영화 속에서 이장하의 누나는 이장하가 훌륭한 군인으로 성장하는 데 있어서 그 꿈을 뒷받침해주고 흔들리는 장하의 영혼을 잡아주기도 하였다.

꿈꾸미의 <차이나는 한 장면>

또 다른 장면은 동굴에서 독립군들이 모여서 감자 한 알을 쪼개 나누어 먹으며 이야기를 나누는 장면이다. 전국 팔도에서 모인 이들이 각자의 사투리로 감자를 부르는 장면은 일제강점기를 배경으로 하는 또다른 영화 <말모이>를 떠오르게 한다. 이 장면을 더욱 살리고 싶은 것은 바로 어제는 농부이기도 하고, 도적이기도 했던 이들이 함께 모여 하나의 목표를 향해 가는 모습이 이 장면에서 감동적으로 나타나기 때문이다. 감자는 농부와 가장 가까운 작물이기도 하다. 그리고 이 사람들은 땅에서 농사를 짓고, 그것을 나누어 먹으며 생활한, 어쩌면 그들이 지키고 싶어했던 '땅'의 의미를 가장 잘 아는 사람들이라는 것이 디테일하게 드러난 장면이 이 부분이다.

설운도, <누이>

이장하가 누나를 그리워하는 장면에서 떠오른 노래는 가수 설운도 씨의 <누이>이다. 사실 '트로트'라는 장르는 조금 수준이 낮은 것 같은 이미지도 있고, 간혹 일본 '엔카'와 관련해 비판을 받기도 한다. 그런데 문화라는 것은 서로 주고 받으면서 형성되는 것이기 때문에 어디서 왔는가는 사실 큰 문제가 아닐 수 있다. 또한 트로트 가요가 우리 대중들에게 영향을 많이 미치는 장르라는 점을 생각해보면, 트로트에 대한 연구를 통해 인식 개선이 분명히 필요하다.

빈센트 반 고흐, <감자 먹는 사람들>

"나는 램프 불빛 아래서 감자를 먹고 있는 사람들이 접시로 내밀고 있는 손, 자신을 닮은 그 손으로 땅을 팠다는 점을 분명히 보여주려고 했다. 그 손은, 손으로 하는 노동과 정직하게 노력해서 얻은 일용할 양식을 암시하고 있다."

이 글은 반 고흐가 자신의 작품 〈감자 먹는 사람들〉과 관련해 동생 테오에게 보낸 편지에 쓰여진 글이다. 그림을 보면 굉장히 어두운 곳에서 사람들이 모여 남루한 모습으로 감자를 먹고 있다. 그런데 고흐가 여기서 담고 싶었던 이야기는 희망적이고, 감자 하나의 소중함을 아는 사람들이 이야기라고 한다. 영화 〈봉오동전투〉에서 목숨을 걸고 싸운 이들 역시 땅의 소중함을 알고 감자 한 알의 소중함을 아는 보통의 사람들, 농부들이었다. 이 그림은 우리로 하여금 어떤 순간에서도 희망을 품는 것이 인간이라는 존재라는 점을 생각하게 만든다.

이영훈, 『반일종족주의』(2020, 미래사)

영화를 보면서 떠오른 책이 있다. 출판 당시 많은 논란을 가져온 책, 『반일종족주의』이다. 책의 집계라는 것이 판매 데이터에 의존하고 있다보니, 계속해서 내용분만 아니라 판매에 있어서도 이슈가 크게 되었다. 이러한 언급이 또다시 이슈가 될 것을 걱정하면서도 책, 그리고 출판에 대한 책임감을 가지고 이 책을 언급하지 않을 수 없다. 그러면서 또 이와 반대되는 책도 한 권 소개하고자 한다. 일본의 저널리스트인 아오키 오사무가 쓴 『일본회의의 정체』이다. 저널리스트로서 양심선언과 같은 이 책은 3년 전, 2017년에 출판되었다. 우리나라에서는 크게 회자 되지는 않았지만, 미국, 프랑스 등에서 출판되었을 때는 많은 주목을 받았다. 일본회의에 관련된 영화 〈주전장〉에서 다룬 가세 히데아키에 관한 이야기를 이 책 역시 다루고 있다. 일본회의에 관심을 가지고 있다면 일독을 권한다.

•• 암살 ••

(최동훈감독, 2015)

1933년 조국이 사라진 시대 대한민국 임시정부는 일본 측에 노출되지 않은 세 명을 암살작전에 지목한다. 한국 독립군 저격수 안옥윤, 신흥무관학교 출신 속사포, 폭탄 전문가 황덕삼! 김구의 두터운 신임을 받는 임시정부 경무국 대장 염석진은 이들을 찾아 나서기 시작한다. 암살단의 타깃은 조선주둔군 사령관 카와구치 마모루와 친일파 강인국. 한편, 누군가에게 거액의 의뢰를 받은 청부살인업자 하와이 피스톨이 암살단의 뒤를 쫓는데... 친일파 암살작전을 둘러싼 이들의 예측할 수 없는 운명이 펼쳐진다!

┤ 영화 속 여성 독립군 스토리

상하이 대한민국 임시정부청사

일제 강점기에 상하이를 무대로 독립운동의 구심점이 되었던 대한민국 임시정부청사가 옛 모습 그대로 보존되어 있다. 3·1운동이 일어난 직후 조직적 항거를 목적으로 상하이로 건너간 독립투사들이 활동하던 본거지다. 1919년 4월 11일, 민족 지도자 대표 29명이 상하이에 모여 임시정부 수립을 위한 회의를 열었다. 이 회의에서 '대한민국'이라는 국호가 정해졌고 민주공화제를 표방하는 임시헌장을 공포했다. 이어 4월 13일, 조국의 광복을 염원하며 상하이 임시정부가 출범했다.

독립투사들의 애환과 비장한 애국 정신이 서린 이곳은 1926년부터 윤봉길 의사의 의거가 있었던 1932년까지 임시정부청사로 사용되었다. 하지만 일본의 계속된 감시와 탄압으로 독립투사들은 항저우, 전장, 창사, 광저우, 류저우, 치장, 충칭 등 중국의 여러 지역으로 청사를 이전해야 했다. 1989년에는 상하이의 도시개발계획으로 임시정부청사가 사라질 위기에 처했으나 대한민국 정부와 국민의 요청에 따라 1993년 복원되었다.

상하이 대한민국 임시정부청사는 중국 내 남아 있는 가장 대표적인 청사이자 중요한 역사성을 간직한 곳이다. 상하이 도심의 뒷골목, 낡고 허름한 건물들 사이로 보이는 3층짜리 빨간 벽돌 건물이 바로 임시정부청사다. 관광객들은 정부청사라는 이름이 주는 무게감과 달리 규모가 협소하고 초라한 모습에 놀라기 마련이다.

매표소에서 입장권을 구입한 후 1층으로 들어서면 먼저 안내원의 설명에 따라 임시정부의 활약상과 청사 복원에 관한 내용을 다룬 10분 분량의 비디오를 시청한다. 2층에는 이승만, 박은식, 이동녕 등이 사용했던 집무실이 있고, 3층에는 침실과 임시정부와 관련된 자료들을 관람할 수 있는 전시관이 있다. 임시정부청사 시절에 사용된 가구, 서적, 사진 등도 볼 수 있다. 한때 주권을 상실했던 조국의 비애를 느낄 수 있는 현장에서 생생한 역사 공부를 할 수 있어 자녀를 동반한 가족 단위 관광객들이나 현장학습단의 방문이 많다. 청사 안에서의 사진 촬영은 금지되어 있다.

주소: 上海市 마当路306弄4号

찾아가는 길:

지하철 1호선 탑승 후 황피난루(黃陂南路)역에서 하차. 1번 또는 2번 출구로 나와서 남쪽으로 난 마당루(마当路)를 따라 걷는다. 네 블록을 지나 조금 더 가면 상하이 대한민국임시정부청사가 있다.

조선족 항일무장투쟁 관련 역사

1920년대가 시작되며 중국 동북지역은 독립 무장투쟁의 무대로 바뀌어 갔다. 대부분의 조선인들은 직접 무장투쟁 대열에 합류하거나 후방에서 돕거나 어떤 형태로든 조국의 독립을 위한 대열에 참가하였다. 소작농으로 근근이 입에 풀칠하며 살아가는 이주 농민들은 없는 주머니를 털어 독립운동 자금을 보태기도 하고 인근에서 활동하는 독립군을 위해 식량을 나눠주기도 했다. 비록 가난하게 살아가는 이주 농민들이지만 조국의 독립을 그리며 독립운동의 든든한 지원 세력으로 역할을 한 것이다.

중국 동북지역 전역에 산재해 살아가는 조선인 이주 농민들의 지원이 없었다면 이 지역에서 독립 무장투쟁도 어려움을 겪었을 것이다. 중국 동북지역에서 본격적인 무장투쟁의 신호탄이었던 봉오동전투나 독립 무장투쟁 사상 가장 빛나는 승리를 거두었던 청산리대첩 역시 역내에서 농사짓던 조선인 이주 농민들의 지원에 절대적인 영향을 받았다. 청산리대첩이 끝난 직후 일본군이 이른바 경신년 대토벌을 펼치면서 인근에서 살던 조선인 농민들을 무참히 살육한 것도 그 때문이었다.

이에 따라 일제는 만주사변 후 중국 동북지역을 직접 손아귀에 넣은 뒤 조선인 이주 농민들을 독립군과 떼어 놓기 위해 이른바 집단부락 건설에 착수했다. 집단부락은 독립군의 주 활동 지역 주변의 개활지에 인근에 사는 농민들과 한반도에서 집단으로 이주시킨 사람들을 모아 마을을 형성하는 형태로 건설됐다. 이주 농민들이 독립군과 접촉하는 것을 원천적으로 차단하기 위해 산간지역에 흩어져 살던 사람들을 부락을 형성해 한데 모아 놓고 감시체계를 강화한 것이다. 이렇게 세워진 집단부락은 1935년까지 연변지역에만 144개가 세워졌으며 1939년에 이르러서는 동북지역 전역에 1만 3천 451개로 늘어났다.

3·1운동이 발발한 직후부터 중국 동북지역에는 독립운동을 위한 새로운 바람이 불었다. 그것은 독립운동 단체의 조직으로 이어졌다. 당장은 후속 운동을 위한 만세운동을 개최하는 데 치중하였지만 더 체계적이고 적극적으로 독립운동을 추진할 조직이 필요했기 때문이다. 3·1운동을 통해 독립운동의 필요성과 무장투쟁을 통한 독립 쟁취의 가능성을 엿보게 된 민족지도자들이 이 지역을 독립 무장투쟁의 무대로 인식하고 독립운동 단체를 서둘러 조직하기 시작한 것이다.

3·1운동 직후부터 1920년까지의 짧은 기간 중 중국 동북지역 전역에서는 동시다발적으로 항일전을 표방하며 수 많은 독립운동 단체들이 조직됐다. 3·1운동 후속 운동을 계기로 역내 조선인들의 통일에 대한 의지와 열망을 확인한 데 따른 새로운 시도라고 할 수 있다. 당시 조직된 단체들은 독립군단 성격의

규모가 큰 조직도 있고 작은 지역을 기반으로 한 소규모의 단체들도 있는 등 다양한 모습을 보였다. 지역 사정과 지도 역량에 따라 유연하게 접근한 것임을 알 수 있다.

북간도지역에서 새로 조직된 단체는 독립군단 성격의 대규모 조직만도 10여 개에 달했다. 서일·김좌진의 대한군정서(북로군정서), 홍범도의 대한독립군, 안무의 대한국민군, 최진동의 군무도독부, 이범윤의 대한의군부, 방우룡의 의민단, 김규면의 대한신민단, 대한광복단, 대한정의군정사, 훈춘한민회 등을 들수 있다. 지방 단위의 소규모 단체로는 훈춘지방 청년들로 조직된 신대한청년회, 훈춘지역 공교회원들이 중심이 된 복황단, 연길현 팔도구에서 조직된 대한청년단, 창의단, 청년맹호단, 학생광복단 등이 있다.

서간도지역에서도 일찍이 한반도에서 건너온 지사들에 의하여 흥경현과 통화현 등지에 독립운동 기지가 건설되었는데 3·1운동 이후 독립운동 단체들이 우후죽순처럼 여기저기에서 조직됐다. 서간도지역에 조직된 독립운동 단체로는 이상룡과 지청천의 서로군정서, 조맹선의 대한독립단, 오동진의 광복군총영, 편강렬의 의성단, 안병찬의 대한청년단, 태극단, 대진단, 농무회, 한교공회 등이 있다.

최동훈 감독 소개 및 작품 정보

한국의 영화 감독. 연출한 5편의 영화가 모두 흥행에 크게 성공을 하며 대중 영화 감독으로선 정점에 올라있다 해도 과언이 아닌, 가히 대한민국 상업영화계를 대표하는 감독이다.

한국영화아카데미(KAFA)를 졸업하고, 임상수의 조감독 생활을 한 뒤, 2004년에 《범죄의 재구성》을 통해 입봉하여 높은 평가와 흥행 두 마리 토끼를 모두 잡았다. 이후 연출한 《타짜》, 《전우치》,《도둑들》,《암살》을 모두 대박을 내면서 한국 영화계 흥행 감독으로서의 입지를 확고히 굳히게 되었다.

2012년작인 《도둑들》은 10월 2일 1,300만 명을 돌파해 종전 한국 영화 최고 흥행작이었던 괴물의 기록을 갈아치웠고, 당시로서는 아바타에 이어 역대 관객 동원 2위였다. 그리고 2015년 《암살》이 1000만 관객을 넘기면서 윤제균에 이어 1,000만 관객 돌파 영화 2편을 감독한 2번째 감독이 되었다. 2017년 10월 현재, 누적 관객 수 약 4,000만 명으로 대한민국 영화 감독 중 1위.

일부에서는 《범죄의 재구성》과 《타짜》이후로 작품성이 다소 떨어졌다는 지적도 있다. 다만 아무리 최동훈의 작품성이 떨어졌다해도, 똑같이 충무로 흥행 보증수표로 꼽히는 김용화, 윤제균 감독과 비교될 수준까진 아니다. 최동훈 개인의 전작들에 비해 그렇다는거지, 속보이는 흥행 코드(지나친 개그와 신파) 삽입을 하며 욕을 먹는 위 감독들과는 엄연한 차이가 있다.

인문학 드레싱

영화 속 전지현 실제 모델, 독립운동가 남지현

본관은 영양(英陽). 경상북도 영양 출신. 남정한(南廷漢)의 딸이다. 19세 때 김영주(金永周)와 결혼하였다. 6년 후인 1895년 남편이 의병을 일으켜 일본군과 싸우다 전사하자, 3대 독자인 유복자를 기르면서 시부모를 모셨다. 1919년 만주로 망명하여 서로군정서(西路軍政署)에서 활약하는 한편, 독립운동을 전개하는 각 단체와 군사기관, 농어촌을 순회하면서 독립정신을 고취하였다. 동만주 12곳에 교회와 예배당을 세워 전도하였으며, 10여 곳에 여자교육회를 설립해 여성을 계몽하는 데도 힘썼다. 또한, 남만주 각지를 순회하면서 동포간의 단합과 군자금 모집을 위하여 활약하였다. 1924년 채찬(蔡燦)·이청산

(李靑山) 등과 총독 사이토[齋藤實]를 암살할 것을 계획하였으나 미수에 그치고 다시 만주로 돌아갔다. 마침 그때 길림(吉林) 주민회장 이규동(李圭東), 의성단장(義成團長) 편강렬(片康烈)·양기탁(梁起鐸)·손일민(孫一民) 등이 주동이 되어 재만독립운동단체의 통일을 발기하자 이에 적극 참가하여 크게 공헌하였다. 1928년 길림에서 김동삼(金東三)·안창호(安昌浩) 등 47명이 중국 경찰에 검거되자 지성으로 간호하며 석방운동에 온 힘을 기울였다. 1931년 김동삼이 하얼빈[哈爾濱]에서 붙잡히자 그를 탈출시키려고 온갖 노력을 다하였으나 성공하지는 못하였다.1932년 국제연맹 리튼조사단이 하얼빈에 오자, 흰 수건에 '한국독립원(韓國獨立願)'이라는 혈서를 써서 조사단에 보내 우리의 독립을 호소하였다. 1933년 이규동 등과 주만 일본대사 무토 노부요시[武藤信義]를 죽이기로 하고, 동지와의 연락 및 무기 운반 등의 임무를 띠고 걸인노파 차림으로 하얼빈 교외 정양가(正陽街)를 지나다 일본 경찰에 붙잡혔다. 6개월 동안 갖은 혹형을 받다가 단식투쟁을 전개하고 보석으로 석방되었으나, "독립은 정신으로 이루어지느니라."라는 말을 남기고 하얼빈에서 세상을 떠났다.

여성 독립운동가들의 삶

영화 〈암살〉의 흥행 이후 여성 독립운동가에 대한 관심이 높아졌다. 하지만 유관순 열사 말고는 딱히 다른 사람이 떠오르지 않을 정도로 여성 독립운동가들은 베일에 가려져 있다.

현재 국가보훈처에서 훈장과 포상을 받은 독립유공자는 1만 4,329명인데, 이 가운데 여성은 전체의 1.9%인 272명에 불과하다. 여성 독립운동가들은 임시정부의 살림을 도맡고, 독립군의 군복을 만들고, 군수품을 운반하는 등 독립운동을 지원하는 일을 주로 해서 기록이 부족할 수밖에 없기 때문이다.

여성 독립운동가의 활약상은 크다. 영화 〈암살〉의 실제 인물인 남자현은 3·1운동 후 만주로 건너가 독립운동과 여성운동을 이끌었고, 만주국 전권대사 무토 노부요시를 사살하려다 붙잡혀 순국했다. 윤희순은 최초의 여성 의병장으로 활약했고, 안경신은 임신 7개월의 몸으로 평남도청과 평양경찰서에 폭탄을 던져 여성으로서는 처음 사형선고를 받았다.

여성 독립운동가들은 남성 독립운동가들보다 두세 배 분량의 일들을 감당해 내야만 했다. 독립을 위해 나섰지만 그들은 여전히 엄마, 아내, 며느리이자 주부였기 때문이다. 자녀를 양육하고 시부모를 봉양하며 가사노동과 농사일을 독립운동과 병행했다. 독립운동을 하는 남편을 둔 여성들은 남편을 대신해 가정의 경제를 책임지며 남편의 뒷바라지를 했다. 이렇게 많은 일을 감당해야 했지만, 그들의 독립운동을 향한 열정은 꺼지지 않았다. 1905년 을사조약이 체결되면서 우리나라에 서양의 근대식 학교가 세워진 후 교육의 혜택을 받지 못했던 여성들이 체계적인 학교교육을 받기 시작했다. 교육을 받으며 의식에 눈을 뜬 여성들은 '일본에 대항해 나라를 구하겠다'는 신념 하에 남성 독립운동가들과 함께 어깨를 나란히 하며 무장투쟁을 하거나 독립운동가들에게 숙식을 제공하고, 독립군 군복과 화약을 만들고, 도피자를 숨겨 주거나 독립운동에 필요한 자금을 모으는 등 보이지 않는 곳에서 헌신했다.

여성 독립운동가, 이화림

이화림은 14살에 3·1운동을 했고, 22살에 학생운동을 했고, 25살이 되던 해인 1930년 본격적으로 독립운동을 하기 위해 상해로 가서 김구가 만든 한인애국단에 가입했다. 이후 1932년 4월 29일 한인애국단 윤봉길의 일왕 히로히토 암살 작전을 적극 돕는 역할을 맡는다. 윤봉길과 함께 일왕 히로히토의 생일 행사가 열리는 홍구공원을 여러 번 답사하고, 사건 당일 암살 현장에서 윤봉길을 끝까지 엄호했다. 1938년에는 김원봉이 이끄는 조선의용대에서 부녀대 부대장을 맡는다. 1942년 조선의용대가 일본군에 맞서 전투를 벌였을 때 이화림은 전투에 참여하며 선전 활동과 남성 대원들의 식사 준비까지 도맡았다.

엘리트 항일 운동가, 김마리아

김마리아는 일제 동경여자학원과 미국 시카고대학에서 유학을 하고 사회학 석사 학위까지 받았던 엘리트였다. 자신에게 보장된 편안하고 안락한 삶을 마다한 채 평생을 조국의 독립을 위해 헌신했다.

2·8 독립선언은 3·1운동에 불을 지핀 사건이었다. 당시 일본에

서 유학하고 있던 조선인 학생들은 뜻을 모아 조선이 자주독립
국임을 주장하는 독립선언문을 썼고, 1918년 2월 8일, 다 함
께 모여 독립선언문을 읽었다. 김마리아는 이 사건의 중심에
있었다. 당시 동경여자학원에 재학 중이던 김마리아는 여학생
들을 모아 2·8 독립선언 당일에 다른 유학생들과 함께 독립선
언문을 읽었다. 김마리아는 2·8 독립선언의 불씨를 고국으로
옮겨 오기로 결심하고, 2·8 독립선언문을 복사해 기모노 띠 속
에 감추고 부산으로 건너온다. 이후 부산, 대구, 광주, 서울을
다니며 온 민족이 참여하는 독립운동을 하자고 부르짖는다. 특
히 여성들에게 독립운동에 적극적으로 참여하기를 권유했다.
3·1운동 당일에도 황해도 봉산, 신천 등을 다니며 여성들에게
3·1운동에 참여하라고 설득했다. 김마리아의 활약을 안 일본
경찰은 김마리아를 체포하고, 잔인하게 고문하지만 김마리아
는 끝까지 죄를 인정하지 않는다. 김마리아는 3·1운동에서 함
께 뜻을 모았던 여성들과 대한민국애국부인회를 만들었다. 그
리고 이 단체의 회장을 맡아 여성들의 독립운동을 이어 간다.
애국부인회는 1919년 11월, 거금 6,000원을 모아 대한민국
임시정부에 보낸다. 그러나 조직원의 고발로 김마리아는 일본
경찰에게 체포되어 3년 형을 선고받고, 심한 고문을 받는다.
결국 고문 후유증에 시달리다 50세에 생을 마감한다.

여성 독립운동가 관련 도서 리스트

심옥주, 〈나는 여성이고, 독립운동가입니다〉, 우리학교, 2019.

이윤옥, 〈여성독립운동가 300인 인물사전〉, 얼레빗, 2018.

정운현, 〈조선의 딸, 총을 들다〉, 인문서원, 2016.

•• 밀정 ••

(김지운감독, 2016)

　　1920년 대 일제강점기. 조선인 출신 일본 경찰 이정출(송강호)은 무장독립운동 단체 의열단의 뒤를 캐라는 특명으로 의열단의 리더 김우진(공유)에게 접근하고, 한 시대의 양 극단에 서 있는 두 사람은 서로의 정체와 의도를 알면서도 속내를 감춘 채 가까워진다. 출처를 알 수 없는 정보가 쌍방간에 새어나가고 누가 밀정인지 알 수 없는 가운데, 의열단은 일제의 주요 시설을 파괴할 폭탄을 경성으로 들여오기 위해, 그리고 일본 경찰은 그들을 좇아 모두 상해에 모인다. 잡아야만 하는 자들과 잡힐 수 없는 자들 사이, 자신의 목표를 위해 서로를 이용하려는 암투와 회유, 교란 작전이 숨가쁘게 펼쳐지는 긴장감 속에서 폭탄을 실은 열차는 국경을 넘어 경성으로 향한다.

의열단의 규모 및 활약상

1920년대에 일본 고관(高官) 암살과 관공서 폭파 등의 활발한 활동을 하였다. 1920년대 말부터는 급진적 민족주의 성향을 띠었다. 1919년 3·1운동 뒤, 독립운동의 근거지를 해외로 옮긴 독립운동가들 중에는 독립을 쟁취하기 위해서는 일제의 무력에 대항하여 더 조직적이고 강력한 독립운동단체가 필요하다고 생각하였다. 이런 필요에 따라 1919년 11월 9일 밤, 만주 지린성에서 독립지사들은 민족주의 노선(路線)을 지향하는 항일비밀결사(抗日祕密結社)인 의열단을 조직하였다. 이 이름은 '정의(正義)의 사(事)를 맹렬(猛烈)히 실행한다'고 한데서 유래한다. 당시 만주와 중국 본토에서 조직된 독립운동단체들이 미온적이고 온건하다고 본 의열단은 직접적 투쟁 방법인 암살과 파괴·폭파라는 과격한 방법을 통해 독립운동을 해나가기로 한다.

창단 당시의 단원은 대체로 신흥무관학교(新興武官學校) 출신이 중심이 되었다. 고문으로는 김대지(金大池)·황상규(黃尙圭)가 맡았고, 단원으로는 김원봉(金元鳳)·윤세주(尹世胄)·이성우(李成宇)·곽경(郭敬)·강세우(姜世宇)·이종암(李鐘岩)·한봉근(韓鳳根)·한봉인(韓鳳仁)·김상윤(金相潤)·신철휴(申喆休)·배동선(裵東宣)·서상락(徐相洛)·권준(權俊)의 13명이었다. 단장은 김원봉이 맡았다. 창단 직후 '공약 10조'와 뒤에 '5파괴', '7가살(可殺)'이라는 행동목표를 독립운동의 지침으로 채택하였다. 공약 10조는 ① 천하의 정의의 사(事)를 맹렬히 실행하기로 함. ② 조선의 독립과 세계의 평등을 위하여 신명을 희생하기로 함. ③ 충의의 기백과 희생의 정신이 확고한 자라 함. ④ 단의(團義)에 선(先)히 하고 단원의 의(義)에 급히 함. ⑤ 의백(義伯) 1인을 선출하여 단체를 대표함. ⑥ 하시(何時) 하지(何地)에서나 매월 1차씩 사정을 보고함. ⑦ 하시 하지에서나 매 초회(招會)에 필응함. ⑧ 피사(被死)치 아니하여 단의에 진(盡)함. ⑨ 1이 9를 위하여 9가 1을 위하여 헌신함. ⑩ 단의에 배반한 자는 처살(處殺)함이다.

이와 같이 의열단은 조국독립을 위해 과감하고 과격한 적극투쟁과 희생정신을 강조하고 있으며, 암살대상으로는 조선 총독 이하 고관·군부수뇌·타이완총독·매국노·친일파거두·적탐(밀정)·반민족적 토호열신(土豪劣紳) 등을 지적하였다. 한편, 파괴대상으로는 조선총독부·동양척식주식회사·매일신보사·각 경찰서·기타 왜적의 중요기관을 선정하고 이 시설에 대한 폭파를 의도했다. 이를 위해 의열단은 폭탄제조법을 배우기도 하였다. 초기 의열단의 의거 활동으로는 ① 밀양·진영폭탄반입사건 ②

부산경찰서 폭파사건 ③ 밀양경찰서 폭탄투척 의거 ④ 조선총독부 폭탄투척 의거 ⑤ 상하이 황포탄 의거 ⑥ 종로경찰서 폭탄투척 및 삼판통·효제동 의거 ⑦ 제2차 암살파괴계획 ⑧ 도쿄[東京] 니주바시[二重橋]폭탄투척 사건 ⑨ 동양척식주식회사 및 식산은행 폭탄투척 의거 등을 들 수 있다.

의열단의 경륜과 강령을 체계화한 신채호(申采浩)는 1923년 1월에 발표한 〈조선혁명선언(일명 의열단선언)〉에서 일부 독립운동가들의 문화주의(文化主義)·외교론(外交論)·준비론(準備論) 등의 입장을 비판하고 민중에 의한 직접혁명과 평등주의에 입각한 독립노선을 제시하였다. 신채호는 일체의 타협주의를 배격하고 오직 폭력적 민중혁명(民衆革命)에 의한 일제의 타도라는 전술을 내걸었던 것이다.

의열단은 독립운동에서 퍼져나가고 있던 사회주의 이론을 1926년부터 점차 수용하기 시작하였다. 이같은 변화는 1928년 10월 조선의열단 중앙집행위원회가 발표한 '창단 9주년기념 성명'에서 잘 나타난다.

의열단은 이를 계기로 순수한 민족주의 노선에서 계급적 입장까지도 고려한 급진적 민족주의 내지 사회주의 노선으로 전환하였다. 1929년 12월 베이징[北京]에서는 ML파와 합동하여 조선공산당재건동맹을 조직하였는데, 의열단은 이를 계기로 본격적인 급진좌파로 변신해갔다.

의열단은 창단한 얼마 뒤에 근거지를 지린에서 베이징[北京]으로 옮기고, 상하이[上海] 지방에서 단원들을 포섭하여 1924년경에는 약 70여 명의 단원을 이룰 수 있었다. 후일 한국민족운동사에 이름을 남긴 김구(金九)·김규식(金奎植)·김창숙(金昌淑)·신채호 등이 실질상의 고문 역할을 했고, 장제스[蔣介石] 중화민국총통의 지원을 받기도 하였다.

김지운감독 소개

3남 3녀 중 막내로 태어났는데, 부모가 모두 직업 군인 출신으로, 아버지는 일본 육사를 졸업하고 한국 육군에 편입하여 소령으로 예편했고, 어머니는 여군 훈련부장이었다.(《여성 동아》 2001년 3월호) 형인 김지원은 무패 경력의 복싱 선수이며, 누나인 김지숙은 연극계의 대모로 불리는 연극인이다.

어린 시절 그림에 재능을 보여 세 살부터 만화를 그리기 시작했다. 일찍부터 영화광 기질을 보여, 다섯 살 무렵 극장에 드나들기 시작해 아홉 살 때 이미 영화를 보기 위해 학교를 땡땡

이를 칠 정도였다. 1983년 영화 연출의 기초를 닦기 위해 서울예대 연극과에 입학했는데 과정을 다 마치지 못하고 중퇴했다. 군대를 갔다 오고 나서야 자신이 제적 상태라는 것을 알았는데, 마지막 교련 수업을 LG 트윈스 경기를 보느라고 날려버린 것이 결정적이었다. 김지운 자신의 표현으론 "LG 프로야구 경기"를 보느라 수업을 빼먹었다고 했지만, 당시는 80년대였으므로 MBC 청룡 경기를 본 것으로 짐작된다. 이 일로 김지운은 학교를 자퇴한다.

그 후로 10년 간 백수 생활을 하게 되는데, 스스로는 그 기간 동안 "아무 일도 하지 않았다"고 회고하기도 하지만, 사실 누나 따라서 연극 무대에도 종종 섰고, CF 아트디렉터, 영화 연출부 등의 일을 하기도 했다. 일본 드라마 《고교교사》를 한국영화로 만든 《어린 연인》(1994)에서도 연출부로 일한 바 있다. 노가다를 뛰어서 용돈 벌이를 할 때도 있었다. 다만 확실한 것은 본인의 저서인 〈김지운의 숏컷〉에서도 드러나지만 굉장히 공격적이고 암울한 기분을 한 껏 품은 채 살아가는 시기이기도 했다. 다만 그때도 자신의 미래를 생각해서, 책 읽는 것과 영화 보는 일만은 소홀히 하지 않았다고. 특히 1991년 유럽 여행 중에 석 달 동안 파리에 머물며 《카예 뒤 시네마》 창간 40주년 영화제를 통해 100편 가량 영화를 본 것은 훗날 영화 감독이 되는데 큰 자산이 되었다. 결정적으로 김지운이 자신의 '백수 시절'에 포함시키는 1994~95년에는 '뜨거운 바다', '가마다 행진곡' 등의 연극을 무대에 올린 연극 연출가였다. 아무래도 일이 있었던 때보다는 없었던 때가 훨씬 길었고, 했던 일도 정규직이 아니라서 그냥 "10년 동안 백수로 지냈다"고 하는 모양. 이때 레오스 카락스 영화에 감명을 받았다고 한다.

1996년 차 사고를 내고 600만원에 달하는 수리비 마련을 위해 시나리오 쓰기에 도전하기 시작했는데, 《프리미어》에서 주최하는 공모전에서 '좋은 시절'이 가작으로 당선되어 가능성을 보였다. 그리고 이듬해 봄 대학로 라면집에서 인생의 전기를 마련하게 된다. 그때 식당 아주머니가 씨네21에 라면을 받쳐서 왔는데 마침 그곳에 실려 있던 제1회 씨네 21 시나리오 공모전 광고가 눈에 들어왔던 것. 마감일이 얼마 남지 않아 불과 일주일도 안되는 기간에 완성한 시나리오는 결국 당선이 되었고, 이 작품이 바로 '조용한 가족'이다.

대한민국 임시정부 수립과 이동

3·1운동 이후 일본통치에 조직적으로 항거하기 위하여 설립하였다. 1919년 4월 11일 임시의정원(臨時議政院)을 구성하고 각도 대의원 30명이 모여서 임시헌장 10개조를 채택하였고 대한민국임시정부가 수립되었다.

각료에는 임시의정원 의장 이동녕(李東寧), 국무총리 이승만(李承晩), 내무총장 안창호(安昌浩), 외무총장 김규식(金奎植), 법무총장 이시영(李始榮), 재무총장 최재형(崔在亨), 군무총장 이동휘(李東輝), 교통총장 문창범(文昌範) 등이 임명되었다. 9월 11일 임시헌법을 제정, 공포하고 이승만을 임시대통령으로 선출하는 한편 내각을 개편하였다. 9월 6일에는 노령정부와 통합하고 제1차 개헌을 거쳐 대통령중심제의 대한민국임시정부를 수립하였다. 1926년 9월 임시대통령제를 폐지하고 국무원제를 채택하였으며, 이후 의원내각제가 정부형태의 주류를 이루었다.

1945년 8·15광복까지 상하이(1919)·항저우[杭州, 1932]·전장[鎭江, 1935]·창사[長沙, 1937]·광저우[廣州, 1938]·류저우[柳州, 1938]·치장[1939]·충칭[重慶, 1940] 등지로 청사를 옮기며 광복운동을 전개하였다.

대한민국 임시정부의 활동

초기의 외교활동은 대미외교에 중점을 두었고, 종전기에는 대중외교가 주류를 이루었다. 1919년 4월 18일 김규식을 전권대사로 파리강화회의에 파견하였고, 7월에는 스위스에서 열리는 만국사회당대회(萬國社會黨大會)에 조소앙(趙素昂)을 파견하여 한국독립승인결의안을 통과시켰다. 1928년까지 유럽과 미주의 외교업무를 맡은 구미위원부는 미국 국회에 한국 문제를 상정시키고 1921년 워싱턴에서 개막된 태평양회의에서 한국국민의 상황을 세계여론에 알렸다. 1920년 10월에는 신규식(申圭植)을 광둥[廣東]의 쑨원[孫文]이 세운 호법정부(護法政府)에 파견하였다. 1943년 카이로 회담에서 한국의 독립이 정식으로 승인되자 1944년 프랑스·폴란드·소련 정부는 주중대사관을 통해 임시정부의 승인을 통고하였고 1945년 포츠담선언에서 한국의 독립은 다시 확인되었다.

항일독립전쟁은 의열투쟁과 독립군단체지원·광복군창설 등의 군사활동으로 이루어졌다. 의열투쟁의 대표적인 본보기는 이봉창(李奉昌)과 윤봉길(尹奉吉)의 의거이다. 1932년 1월 8일 이봉창의 도쿄의거 [東京義擧] 는 실패하였으나, 4월 29일 윤봉길의 상하이의거는 일본군 사령관 등 20여 명을 살상하는 성과를 올렸다. 그 결과 한국독립에 대한 여론을 대외적으로 널리 알렸으며, 아울러 임시정부는 일제의 보복을 피해 여러 군사 활동으로는 1920년 상하이에 육군무관학교(陸軍武官學校)·비행사양성소·간호학교 등을 세워 군사를 양성하는 한편 중국 군관학교에 군인을 파견하여 교육시키고 만주에 있는 독립군을 후원하였다. 충칭시기(1940~1945)에는 광복군을 창설하여 1941년 태평양전쟁이 일어나자 일본과 독일에 각각 선전포고를 하고 군대를 연합군의 일원으로 미얀마·사이판·필리핀 등지에 파견하였다. 1944년에는 중국과 새로운 군사협정을 체결하고 독자적인 군사행동권을 얻었다. 1945년에는 국내진입작전의 일환으로 국내정진군 총지휘부를 설립하고 미군의 OSS부대와 합동작전으로 국내에 진입하려는 계획을 진행하던 중 8·15광복을 맞았다.

광복을 맞이하자 11월 29일 주요 간부들이 개인 자격으로 귀국하고, 국내의 혼란으로 대한민국 임시정부의 내각과 정책이 계승되지 못하였으나, 임시정부의 지도이념인 자유주의 이념과 삼균주의(三均主義) 이념은 1948년 대한민국헌법에 반영되어 광복한국의 기초이념이 되었다. 또한 대한민국헌법 전문은 '우리 대한민국은 3·1운동으로 건립된 대한민국 임시정부의 법통과 …'라고 하여 3·1운동으로 건립된 임시정부가 한국 독립의 모태가 되고 대한민국 건국의 정신적·사상적 기반이 되었음을 명시하였다.

충칭 임시정부 기념관(대한민국 임시정부 충칭 연화지 청사)

대한민국 임시정부가 1940년 9월 충칭으로 옮겨온 뒤 사용했던 네 번째이자 마지막 청사이다. 임시정부는 1919년 4월 상하이에서 수립되어 한국의 독립운동을 이끌었다. 1932년 4월 29일 윤봉길의 홍커우 공원 의거 이후 상하이를 떠나 항저우, 전장, 창사, 광저우, 류저우를 거쳐 1939년 5월 치장에 도착하였다. 중국 국민정부의 도움으로 1940년 9월 충칭으로 이전한 임시정부는 전열을 재정비하고 항일독립운동에 전력하였다. 임시정부는 충칭에서 석판가·양류가·오사야항·연화지 등 4개 청사를 사용하였다. 1945년 1월 연화지 청사로 옮겨와 1945년 8월 일제가 패망하기까지 김구를 비롯한 임시정부 요인들은 활발한 항일투쟁을 전개하였다.

해방을 맞아 임시정부 요인들이 국내로 환국한 후 연화지 38호는 한동안 여관, 학교, 주택 등으로 사용되었다. 1994년 6월 독립기념관과 충칭시 대외인민우호협회가 충칭 대한민국 임시정부 청사 복원협정을 체결하였으며, 1995년 8월 11일 복원을 완료하여 '충칭대한민국임시정부구지진열관'을 개관하였다. 현재 '충칭대한민국임시정부구지진열관'은 한국독립운동사를 연구하고 전시하는 전문 박물관의 역할을 하고 있으며 중국 정부로부터 국가 2A급 관광지, 충칭시시급문물보호단위 65-38로 지정되어 있다. 충칭에서 가장 완벽하게 보존된 유적지로 망국의 설움을 딛고 오로지 조국 광복을 위해 헌신했던 애국선열들의 넋을 기리고 한중 양국 인민이 공동으로 일본 제국주의 침략에 저항했던 역사의 현장으로 보존되고 있다.

관람시간 :09:00~17:00(16:30 입장마감)/월요일 휴관
안내전화: +86-23-6382-0752
입장료: 무료
주소: 충칭시 위중구 연화지 38호

2장

내 정은 청산이요
임의 정은 녹수로다

떠나온 고향, 영원한 그리움

•• 동주 ••

(이준익감독, 2015)

영화 〈동주〉는 이름도, 언어도, 꿈도 허락되지 않았던 어둠의 시대 속에서도 시인의 꿈을 품고 살다 간 윤동주의 청년 시절을 정직하게 그리고 있다. 〈동주〉는 한국인이 가장 사랑하는 시인 윤동주의 삶을 TV나 영화에서 본 적이 없었던 이준익 감독의 의문에서 출발했다. 윤동주의 시가 어떤 시대와 사람들을 거쳐 이 땅에 남았는지 그 과정을 온전히 스크린에 담고 싶었던 이준익 감독의 바람은 영화 〈프랑스 영화처럼〉, 〈조류인간〉, 〈배우는 배우다〉 등을 연출한 신연식 감독이 각본을 맡으면서 구체적인 방향을 잡아 나가기 시작했다. 그 중에서도 그들의 마음을 가장 움직인 것은 죽어서야 시인이 될 수 있었던 윤동주의 삶, 그 자체였다. 특히 신연식 감독은 "윤동주는 시인이 되고 싶었지만 결국 시인이 되지 못한 청춘이었다. 동시대에 인정받지 못하고 활동하지 못했다는 것 자체만으로도 그의 시가 더욱 안타깝게 다가왔다"며 비슷한 시기에 활동한 다수의 시인 중 유독 윤동주의 삶에 이끌렸던 이유를 전했다. 이후 무언가 이루고 싶었지만 시대적 상황에 의해서 자신의 꿈을 펼칠 수 없었던 젊은이, 청년 윤동주의 삶을 고스란히 담아내고 싶었던 두 사람은 그의 삶을 따라가며 청년 '동주'의 작품들이 어떤 배경에서 탄생했는지 주목했다. 그리고 정들었던 고향을 떠날 때와 창씨 개명을 선택해야만 했던 연희전문학교 시절 등 '동주'의 생애 가장 중요한 사건들과 맞물리는 시들을 영화 곳곳에 배치하며 그의 작품이 더욱 가슴 깊이 남을 수 있도록 세심한 노력을 기울였다. 대한민국 영화사상 최초로 시인 윤동주의 삶을 스크린에 옮겨내며 "윤동주 시인의 시에 부끄럽지 않게 찍으려고 노력했다"는 이준익 감독의 굳건한 포부처럼 영화 〈동주〉는 화려한 기교나 과장 없이 진실하고 정직한 이야기로 관객들의 가슴에 진한 감동을 선사한다.

차이나는 무비 pick

영화 〈동주〉가 다루는 윤동주 시인은 대한민국 사람이라면 누구가 그의 시 첫 줄 정도는 알고 있을만큼 우리에게 친숙한 시인이다. 그런데 사실 그의 삶에 대해서는 우리가 잘 모르고 있는 부분이 많다. 시인이 살다간 흔적이 한국보다는 중국과 일본 등지에 남아있었고 또 그의 주변 인물들 중 월북을 한 이들도 있어 모든 것을 드러내지 못했던 이유 등으로 우리가 윤동주 시인의 삶을 제대로 들여다보지 못했던 것이다. 이런 면에서 이 영화가 갖는 의미가 돋보인다. 감독은 우리에게 윤동주 뿐만 아니라 그의 친구이자 고종사촌인 송몽규의 삶 자체에 관심을 가지고 조명했다.

한편 영화는 멋과 기교를 부려 윤동주의 삶에 의미 부여를 하기보다는 잔잔하게 있는 그대로의 동주의 삶을 보여준다. 후쿠오카 형무소에서 죽기 직전 과거를 회상하며 진행되는, 과거와 현재를 오가며 진행되는 연출은 윤동주의 시선에서 그가 시를 쓰는 마음

과 느낌을 전달한다. 이로써 관객은 윤동주의 삶을 체험하며 그의
삶 내면에 몰입할 수 있게 된다. 또한 흑백으로 된 화면은 영화를
형무소에서 비극적인 죽음을 맞이한 윤동주의 죽음을 기리는 일종
의 장례식처럼 생각하게 만들어 준다.

> "흑백 사진으로만 봐오던 윤동주 시인과 송몽규 열사. 스물여덟 청춘의 시
> 절을 그 누구보다 뜨겁게 살아낸 이분들의 영혼을 흑백의 화면에 정중히
> 오시고 싶었습니다."
>
> — 이준익 감독 인터뷰 중에서

꿈꾸미의 <투비 오어 낫투비>(TO BE OR NOT TO BE)

꿈꾸미는 NOT TO BE로 후쿠오카 형무소의 의사를 뽑았다.
동주가 후쿠오카 형무소에서 생체실험의 대상이 되어 바닷물
주사를 맞을 때 언젠가 실험을 주도하는 의사가 등장한다. 그
는 간호사를 통해 동주의 상태를 확인한 뒤 동주에게 산수 문
제가 적힌 종이를 건넨다. 이런 모습은 일본이 근대적인 서구
의 문물을 제대로 받아들인 것이 아니라는 것을 보여준다. 서
구 근대가 이야기하는 인간의 고귀한 정신과 육체를 인식과 깨
달음에 완전히 반대되기 때문이다. 따라서 근대의 껍데기만 받
아들인 것이 일본식 근대, 즉 메이지 유신이라고 할 수 있다.
이 장면에서 꿈꾸미가 낭독한 시는 윤동주의 〈길〉이다.

〈 길 〉

잃어버렸습니다.
무얼 어디다 잃었는지 몰라
두 손이 주머니를 더듬어
길에 나아갑니다

돌과 돌과 돌이 끝없이 연달아
길은 돌담을 끼고 갑니다

담은 쇠문을 굳게 닫아
길 위에 긴 그림자를 드리우고

길은 아침에서 저녁으로
저녁에서 아침으로 통했습니다

돌담을 더듬어 눈물짓다
쳐다보면 하늘은 부끄럽게 푸릅니다

풀 한 포기 없는 이 길을 걷는 것은
담 저 쪽에 내가 남아 있는 까닭이고

내가 사는 것은, 다만,
잃은 것을 찾는 까닭입니다

시를 보면 길을 잃어 형무소에 가고 형무소에서 또다시 길을
잃게 되는 동주의 모습이 떠오른다. 이 시는 1941년 가을에 쓰
여진 시이다. 형무소에 가기 한참 전이지만 마치 자신의 앞날을
예견이라도 한 듯 쓰여진 시이다. 역시나 반복되는 '부끄러움'
이라는 정서 역시 길을 잃었다는 동주의 감정을 다시금 생각하
게 한다.

신여성의 <투비 오어 낫투비>(TO BE OR NOT TO BE)

신여성은 동주가 릿쿄 대학 영문학과 재학 시절 수업 중에 들어
와 동주의 머리를 잘라버린 일본 군인, 신지대좌(조하석 분)을
NOT TO BE로 선정했다. 그는 동주가 존경하는 선생님의 수업
중에 문을 차며 들어와 교련 수업을 듣지 않았다는 이유로 동주
를 교단 앞으로 끌어내어 머리를 잘라버린다. 뿐만 아니라 수업
중에 무슨 짓이냐고 따지는 다카마쓰 교수(김우진 분)에게 그는
더러운 서양물이든 문학 따위를 가르치면서 수업이라고 할 수
있냐고 모욕을 준다. 천조 대신과 예수 그리스도, 개인주의와
전체주의 중 무엇이 위대하냐고 물으며 다른 학생들 역시 무시
하는 태도를 보여주었다. 자신의 믿음에 취해 다른 이들을 무시
하고 모욕하는 신지대좌가 죽이고 싶은 캐릭터로 뽑았다.

책사의 <투비 오어 낫투비>(TO BE OR NOT TO BE)

사랑하는 책사는 TO BE를 골랐는데요 바로 동주가 존경한 다카마쓰 교수이다. 그는 동주를 어떠한 선입견도 없이 바라보며 동주의 시적 감수성을 존중해준다. 끝까지 동주를 믿어주고 또 지지해준 그를 보면 어느 시대에나 양심 있는 사람들은 있다는 것을 믿게 해줍니다. 그와 관련해 가장 인상 깊은 장면은 영국의 시인 워즈워드에 대해 동주와 이야기 하는 장면입니다. '방랑'에서 워즈워스가 의도했던 바를 동주에게 묻자 동주는 '인간들 감정들 중에 마음 속에서 활동하지 못하거나 가치가 절하된 것을 상키시키려는 의도'가 보인다고 대답하죠. 대답을 들은 다카마쓰 교수는 워즈워스 본인도 그러한 이야기를 했다며 '결국 세상을 움직이는 건 개개인의 깊은 내면의 변화들이 모인 힘'이라고 이야기 합니다. 일본 군국주의가 '대동아 공영'이라는 허상이라는 비판도 덧붙이죠. 동주를 언제 어디에서나 비추어주는 별빛 같은 선생님, 다카마쓰 교수가 책사의 TO BE, 살리고 싶은 캐릭터입니다.

영화 속 <차이나는 한마디>

"선생님, 민들레가 왜 민들레인 줄 아십니까?

문 주변에 흐드러지게 많이 피는 꽃이라 해서 민들레.

그래서 민들레가 되었답니다.

(아버지는) 한 사람의 열 걸음보다

열 사람의 한 걸음이 더 큰 걸음이리라 가르치셨습니다.

민들레 홀씨처럼 그 걸음걸음이 퍼져나가

세상을 바꾸고 결국엔 독립을 이룰 수 있다고요.

사람이 모이는 곳에 말이 모이고, 말이 있는 곳에 뜻이 모이고,

그 뜻이 모인 곳에 독립의 길이 있지 않겠냐고요."

윤동주

1917년 12월 30일 만주 북간도의 명동촌에서 아버지 윤영석 (尹永錫), 어머니 김룡(金龍) 사이에서 태어났다. 1925년 명동(明東)소학교에 입학하여 송몽규 등과 문예지《새 명동》을 발간했다. 1932년 용정에 있는 은진(恩眞)중학교에 입학했다가 1935년 평양의 숭실(崇實)중학교로 전학하였다. 그러나 학교가 신사참배 문제로 일제에 의해 폐쇄당하자, 용정 광명(光明)학원 중학부 4학년으로 편입하여 졸업하였다. 1938년 연희전문학교 문과에 입학하였으며, 1939년 산문 '달을 쏘다'를 《조선일보》에, 동요 '산울림'을 《소년》지에 각각 발표하였다. 1942년에는 일본으로 건너가 도쿄 릿교대학 영문과에 입학하였다가, 가을에 도시샤 대학 영문과로 옮겼다.

이후 태평양 전쟁이 점차 끝나가면서 흉흉하던 시절인 1943년, 송몽규와 함께 독립운동 혐의로 일본 경찰에 체포되었다. 그는 2년형을 선고받고 후쿠오카(福岡) 형무소에서 복역하였으며, 복역 중이던 1945년 2월 생을 마감했다. 그는 복역 중에 알 수 없는 주사를 정기적으로 맞아야 했는데, 그것이 그의 사인(死因)이라는 주장이 제기되고 있다. 한편, 그의 유해는 고향인 연길 용정(龍井)에 묻혔으며, 그와 함께 복역 중이었던 송몽규 역시 얼마 지나지 않아 사망했다.

송몽규

본적(本籍)은 함경북도 경흥(慶興)이며, 중국 지린성[吉林省] 룽징시[龍井市] 지신진[智新鎮] 명동촌(明東村)에서 태어났다. 이명(異名)은 송한범(宋韓範), 왕위지(王偉志), 고문해(高文海) 이다. 1931년 3월 명동소학교(明東小學校)를 졸업하여 다라 쯔[大拉子]의 중국인 소학교 6학년에 편입해 1년을 더 다닌 뒤, 1932년 4월 룽징의 은진중학교(恩眞中學校)에 입학하였다. 은 진중학교 에 재학중이던 1935년 4월 중국 난징[南京]으로 건 너가 김구(金九)가 광복군(光復軍)의 무관을 양성하기 위해 중 국중앙육군군관학교(中國中央陸軍軍官學校)에 설치한 한인특 별반(韓人特別班)에 2기생으로 입학하여 군사 훈련을 받았다. 그 뒤 독립운동에 투신하였다가, 1936년 3월 산둥성[山東省] 지난[濟南]의 일본 영사관 경찰에 사로잡혀 본적지인 함경북도 (咸鏡北道) 웅기(雄基) 경찰서로 강제 송환되었다. 8월까지 치 안유지법 위반과 살인 등의 혐의로 조사를 받다가 석방되었다. 1937년 4월 룽징의 대성중학교(大成中學校) 4학년으로 편입 한 뒤, 1938년 4월에는 외사촌 동생인 윤동주(尹東柱)와 함께 서울 연희전문학교(延喜專門學校) 문과에 입학하였다.

대학 입학 후 송몽규(宋夢奎)는 윤동주(尹東柱), 백인준(白仁 俊), 강처중(姜處重) 등과 한국 문학 동인지의 간행과 문학작 품 품평회 등을 열며 민족의식을 고취하였다. 연희전문학교를 졸업한 뒤에는 1942년 일본으로 건너가 교토제국대학[京都帝國大學] 문학부 사학과에 입학하였다. 함께 유학을 떠난 윤동주는 도쿄[東京]의 릿쿄대학[立敎大學] 문학부 영문과에 입학하였다가, 그 해 10월 교토[京都]의 도지샤대학[同志社大學]으로 옮겼다. 송몽규(宋夢奎)는 교토[京都]에서 윤동주, 제3고등학교생 고희욱(高熙旭) 등과 자주 모임을 가졌는데, 1943년 7월 14일 한국인 유학생을 모아놓고 조선의 독립과 민족문화의 수호를 선동했다는 죄목으로 일본 특별고등경찰에 체포되었다. 송몽규는 '재쿄토 조선인 학생 민족주의 그룹사건'으로 기소되어, 1944년 4월 13일 교토 지방법원에서 치안유지법 위반으로 징역 3년을 선고 받고 후쿠오카 형무소에 수감되었다. 함께 수감되었던 윤동주는 1945년 2월 16일 옥사(獄死)하였고, 송몽규도 3월 7일 옥중에서 순국하였다. 1995년 건국훈장 애국장을 받았다.

〈윤동주 평전〉, 송우혜, 서정시학, 2015

〈윤동주 코드〉, 김혁, 연변인민출판사, 2015

〈시인 윤동주 인생려정 연구〉, 리광인, 민족출판사, 2015

〈고향으로부터 윤동주를 찾아서〉, 박용일, 흑룡강조선민족출판사, 2007

〈송몽규평전〉, 리광인, 박용일, 연변대학출판사, 2018

•• 이중섭의 아내 ••

(사카이 아츠코 감독, 2014)

1941년, 야마모토 마사코는 재학 중이던 문화학원의 복도에서 붓을 씻다가 선배인 이중섭을 만나 사랑에 빠진다. 이후 1945년 3월, 제2차 세계대전이 한창인 때, 마사코는 오로지 중섭을 만나기 위해 한국으로 건너가고 그 해 5월 지금의 북한 땅인 원산에서 전통 혼례를 올리며 부부가 된다. 두 아이와 함께 행복한 시절을 보내는 것도 잠시. 6.25 전쟁 등으로 인한 가난과 건강 악화로 인해 마사코는 아이들과 일본으로 돌아가고 되고, 홀로 한국에 남은 중섭은 가족에 대한 그리움과 사랑을 편지로 대신 전달하지만, 다시 모여 살고픈 꿈을 끝내 이루지 못한 채, 쓸쓸하게 죽음을 맞이한다. 2013년 5월 – 90세가 넘은 이중섭의 아내가 휠체어를 타고 여행에 나섰다. 평생을 사랑했던 중섭이 즐겨 그렸던 그림 [황소] 앞에서 마사코는 중섭과의 사랑을 떠올린다.

<이중섭의 아내>는 화가 이중섭과 그의 일본인 아내 마사코 야마모토 사이의 사랑과 신뢰를 다룬 이야기이다. 이중섭은 한국의 황소 그림으로 널리 알려져 있다. 전쟁이라는 고난의 시기를 거쳐야 했던 세대의 그는 개인적으로도 생전에 인정을 받지 못한 불우한 화가였다. 그가 아내 마사코 야마모토를 만난 곳은 세계 제 2차 대전이 한창이던 시기 도쿄의 미술학교에서였다. 지금은 북한땅이 된 원산에서 결혼식을 올린 둘은 서로 다른 국적과 민족이라는 장애를 뛰어넘어 사랑을 했다. 두사람은 가족으로서 같이 살게 되기

를 갈망했지만 6.25 전쟁과 가난으로 이중섭은 한국에 그리고 마
사코와 아이들은 일본에서 살아야 했다.

가족과 함께 살고 싶은 그의 꿈은 끝내 이뤄지지 않았다. 불행히도
그는 한때 가족과 함께 살았던 제주도 서귀포에서의 추억을 간직한
채 39살의 젊은 나이로 죽게된다. 이때 마사코는 서른 넷이었다.
미망인이 된 마사코는 혼자서 두 아들을 키웠고 현재는 도코의 세
타가야에서 살고 있다. 자신의 감정을 공개적으로 말하지 않는 마
사코가 아흔 둘의 나이로 입을 열었다. 그녀의 온화한 말에서 인간
에 대한 신뢰와 남편 이중섭에 대한 변하지 않는 사랑이 감동으로
다가온다.

영화 속 이중섭 스토리

화가 이중섭의 탄생

이중섭은 1916년 평안남도 평원에서 지주의 삼남매 중 막내로
태어났다. 이중섭의 미술에 대한 재능은 어렸을 때부터 그 조
짐을 보였다. 게다가 외가가 있던 서울 종로에서 자라면서 공립
보통학교를 다니게 되어 혼자 사색할 시간이 많았다. 내성적인
성격의 이중섭은 학과 공부보다 그림에 더 매달렸고 그로 원래
진학 목표로 하였던 평양고등보통학교에 낙방했다는 기록이 전

해진다. 그러나 이것이 그의 인생을 바꾸는 계기가 된다.

평양고등보통학교 대신 오산학교에 입학했던 이중섭은 미술 담당 교사였던 임용련을 만나게 된다. 미국 예일대에서 미술 공부를 했고, 파리에서 활동했던 임용련은 당시 대부분 작가의 유학지가 일본이었던 점을 감안하면 드문 이력의 소유자였다. 그는 습작의 중요성을 항상 강조했다고 한다. 이중섭은 이에 영향을 받아 습작을 많이 했던 것으로 알려졌는데 그가 다수의 드로잉을 남겼던 이유가 이 때문이다. 또한 이중섭의 유년기였던 1920년대 우리 미술계는 유화 작가(고희동, 김관호, 김찬영, 나혜석)이 속속 등장에 근대화에 시동을 걸었던 시기이다. 독특한 이력을 가진 임용련선생과의 만남 그리고 근대 화단의 형성 과정을 직접 몸으로 겪었던 이중섭은 자신의 경험이 이후의 작품 활동에 큰 영향을 미칠 것임을 알고 있었을지도 모른다.

이중섭의 가족 스토리

제2차 세계대전이 막바지에 이르렀던 1944년 이중섭은 학교를 졸업하고 연인 마사코를 일본에 둔 채 원산으로 돌아왔다. 이듬해 마사코가 한국으로 왔으며, 둘은 혼례를 올리고 정식으로 부부가 되었다 1946년 첫 아이가 태어났지만 곧 디프테리아로 잃고 말았다. 당시 제대로 된 직업없이 작품 제작과 전람회에 출품에 몰두하던 이중섭은 큰 충격을 받았다고 전해진다. 이를 계기로 죽은 첫아이를 모티브로 한 [하얀 별을 안고 하늘을 나는 어린이]를 1947년 〈해방기념전람회〉에 출품했다.

6·25전쟁이 발발하자 이중섭은 한국 역사의 소용돌이 속에 정착하지 못하고 전국을 전자 나는 생활로 빠져들게 된다. 첫째 태연(1947)과 둘째 태성(1949)이 태어났고, 피난을 위해 가족과 함께 부산으로 내려갔다. 그러나 전세의 위급함을 느끼고 다시 제주로 피난하게 된다. 1952년 생활고에 못이기도 마사코는 결국 두 아들과 함께 일본으로 가게 된다. 그 후 이중섭은 1953년 도쿄에서 단 5일의 해후를 끝으로 가족과 영영 이별하게 된다. 그러나 이런 생이별의 아픔은 아이러니하게도 이중섭 필생의 걸작을 남기는 계기가 되었다. 지인의 도움으로 1954년까지 통영에 머물렀던 그는 [소] 연작과 [부부] 등 한국 미술의 대표작을 쏟아냈다. 이후 진주, 서울, 대구 등지를 전전하면서 전람회 출품작에 몰두하며 가족에 대한 그리움을 술로 달랬던 이중섭은 1956년 9월 6일 간장염으로 서울 적십자 병원에서 타계했다.

이중섭의 작품 속 조선의 풍경들

총 300여 점으로 알려진 이중섭의 작품에 등장하는 소재는 어린이 소, 가족, 물고기, 게, 달과 새, 연꽃, 천도복숭아 등 우리의 전통적인 소재들이다. 특히 그는 위에서 언급한 소재 외에 소재의 범위를 크게 벗어나지 않고 반복적으로 그렸으며, 때로는 복합적으로 보여줬다. 또한 이런 소재들은 다양한 기법과 매체로 표현되었다. 이중섭이 이러한 소재를 즐겨 사용한 이유는 오산학교 시절 받았던 교육의 영향이라는 평가가 지배적이다. 민족사학이었던 오산학교 출신의 이중섭은 교육과정에서 자연스럽게 향토적인 소재에 관심을 가지게 되었던 것이다.

영화 속 <차이나는 한마디>

당신 곁에서

그림을 그리고 싶소

내 기쁨이여

늘 그대가 그립소

...

사랑하고 또 사랑하고 열렬히 사랑하오

— 이중섭의 편지 중

•• 사의 찬미 ••

(김호선감독, 1991)

1926년 여름 경성. 윤심덕의 자살을 알리는 호외에 윤심덕과 김우진의 가장 가까운 사람이었던 홍난파는 절망적인 기분에 사로잡히며 그들의 진실을 알고 있는 친구로서 윤심덕의 과거를 회상한다. 1920년 봄 동경. 관비장학시험을 치르고 온 가난한 유학생으로 동경대학에서 성악을 전공하고 있는 윤심덕은 당당하고 밝은 성격으로 뭇 유학생들의 시선을 받으면서도 거침없이 자유분방한 생활을 한다.

3·1운동의 여파로 한창 타오르던 독립 운동이 일본의 무자비한 압력으로 뿌리채 거세될 즈음, 뜻있는 유학생들은 여름방학을 이용해 조선을 순회하며 운동 자금을 마련할 공연을 계획한다. 이 계획을 적극적으로 추진한 사람 중엔 와세다 대학 영문과에 적을 두고 있던 김우진도 끼어있다. 공연 연주를 담당했던 난파의 소개로 윤심덕은 이 공연의 유일한 여성 참가자가 된다. 그리고 김우진과 윤심덕의 운명적인 조우가 이루어진다. 한편, 유학생들의 움직임을 경계한 일본 경찰은 청년 회관을 기습하여 노동자를 색출하고 유학생들을 검거하려고 한다. 윤심덕과 난파는 졸업 공연 연습이라는 명목을 둘러대며 즉흥적인 무대를 만든다.

열정적인 윤심덕의 제스츄어와 음성으로 아무런 결정적인 꼬투리를 잡지 못한 일본 경찰은 물러나고 김우진은 새삼스럽게 윤심덕의 존재를 의식하고, 심덕 또한 감정에 흔들리지 않고 냉정한 이성으로 동료들을 이끌 왔던 김우진의 깊이를 느낀다. 김우진의 초청으로 심덕과 난파는 우진의 집을 방문하고 그곳에서 심덕은 자신에게 요구하는 장손의 무게와 새로운 가치관을 요구하는 밖의 바람을 자신안에 가두고 싸우고 있는 우진의 방황하는 마음에 길을 만들어 주고자 결심하며 자기에게서 떠난 사랑을 느끼게 된다. 가난한 집안을 이끄는 윤심덕은 자신을 혹사하며 이곳저곳의 무대에 끌려 다니지만 성악가를 기생쯤으로 여기는 사람들은 윤심덕의 가창력보다는 미모와 제스처에 호기심을 느끼고 있을 뿐이다.

그러던 중 일본인 파티를 거절한 이유로 심덕은 무대와 사랑을 한꺼번에 잃어버리고 그녀의 재능보다는 사생활에 더 관심이 많은 사람들로 인해 점점 술에 젖는 생활에 빠져든다. 홍난파는 윤심덕을 다시 무대에 복귀시키려 애쓰지만 윤심덕은 재기불능의 상태에 빠지게 된다. 김우진도 신극을 이해 못하는 사람들로 인해 낙향을 하게 되고 가문을 지킨다는 것에 의미를 잃어가고 결국 오래된 종가를 등지고 집을 떠난다. 김우진은 자신의 젊음을 정리할 생각을 하고 예전에 윤심덕과 갔던 북해도의 여관으로 간다. 그곳에서 윤심덕을 만나고 서로의 시선 속에서 끝까지 와있는 죽음의 그림자를 본다. 우진은 마지막 시편과 희곡을 조선의 친구에게 부치고 참혹하고 절망적인 사랑 속에서 목숨의 마지막을 다한다. 윤심덕의 "사의 찬미"가 그들의 죽음을 에워싼다.

윤심덕의 생애

1897년 7월 25일 평양에서 기독교 신자인 아버지 윤호병과 어머니 김씨 사이에서 1남 3녀 중 둘째 딸로 태어났다. 윤심덕은 키가 매우 크고 목이 긴 서구형 미인이었으나 성격은 사내아이같이 활달해 어린 시절에는 '왈녀'라고 불리기도 했다. 경제적으로 어려운 가운데에서도 형제들은 모두 신식교육을 받았으며 음악에 재능이 있었다. 윤심덕은 평양 여자고등보통학교를 거쳐 교사가 되기 위해 1918년 경성고등보통학교 사범과를 졸업하고 강원도 원주에서 1년 간 소학교 교원으로 근무하던 중, 조선총독부 관비유학생으로 뽑혀 일본 도쿄의 우에노(上野) 음악학교 성악과에 입학한 후 도쿄 음악학교를 졸업했다.

1922년 음악학교에서 1년간 조교로 근무한 뒤, 1923년 귀국했다. 1923년 귀국 후 종로 중앙청년회관에서 첫 독창회를 열었는데, 이는 한국 최초의 소프라노 가수의 공연이었다. 경성사범부속학교 음악선생으로 있으면서 극예술협회 등의 연극 공연에 출연해 풍부한 성량과 뛰어난 외모로 이름을 떨쳤고, 1925년 김우진의 권유로 토월회 무대에도 섰으나 연기력이 부족해 그만두었다.

하지만 성악만으로는 생계를 꾸려나갈 수 없게 되자, 윤심덕은 대중가요를 부르기 시작했으며, 방송에 출연하거나 레코드를 취입하기도 했다. 윤심덕은 본격적인 오페라 가수가 되기를 희망했지만, 당시 조선의 환경에서는 그의 꿈을 펼치기에는 매우 열악했다. 1926년 여동생 성진의 미국 유학길을 배웅하기 위해 일본에 갔다가 닛토(日東) 레코드회사에서 24곡을 취입했다. 이후 8월 3일 급작스런 귀국을 결정하고, 시모노세키에서 부산으로 향하는 연락선에 탑승한 그는 4일 새벽 김우진과 함께 배에서 사라졌는데, 많은 신문에서 이들이 배에서 투신한 것으로 보도했다. 이바노비치 작곡인 〈도나우 강의 푸른 물결〉에 자신이 직접 노랫말을 쓴 〈사(死)의 찬미〉가 이 레코드에 들어 있는데, 이 음반은 그녀가 사라진 뒤 유명해져서 10만 장이 넘게 판매되었다.

윤심덕과 현우진의 비극적 운명과 남겨진 미스테리

1921년 동우회에서 주최한 국내 순회공연에 참여했다가 김우진을 만나게 되었다. 와세다대학교 영문학과를 졸업한 전도유망한 극작가인 김우진은 이미 결혼해 고향 목포에 아내와 딸이 있었다. 김우진은 1897년 목포의 대지주 김성규의 장남으로 태어났다. 윤심덕과 동갑이었지만 성격이나 가정환경은 판이했다. 가난한 집 둘째딸로 자란 윤심덕이 쾌활하고 대범했음에 반해 부잣집 맏아들로 자란 김우진은 예민하고 신중했다. 김우진은 어려서부터 문학에 뜻을 두었지만 완고한 부친은 장남인 그가 가업을 잇기를 바랐다. 김우진은 목포공립보통학교를 졸업하고 목포심상고등소학교를 다니다가, 1915년 부친의 뜻에 따라 일본 구마모토농업학교로 유학을 떠났다. 하지만 문학에 대한 미련을 버리지 못하고 졸업 후 와세다대 영문과에 입학했다. 김우진이 윤심덕을 처음 만난 것은 와세다대 2학년 때였다.

졸업을 한 해 앞둔 1923년, 김우진과 사귀던 일본인 간호사가 백혈병으로 사망했다. 그해 여름방학 김우진은 목포 본가에서 지내며 죽음이 앗아간 실연의 아픔을 달랬다. 김우진은 도쿄음악학교를 졸업하고 평양으로 돌아온 윤심덕에게 동생들과 함께 목포로 놀러 오라며 편지와 차표 석 장을 보냈다. 윤심덕은 윤성덕, 윤기성을 데리고 목포로 내려와 김우진의 집에서 조촐

한 가족음악회를 열었다. 윤성덕의 피아노 반주에 맞춰 소프라노 윤심덕과 바리톤 윤기성이 노래를 불렀다. 김우진은 아내와 함께 윤심덕 남매를 극진히 대접했다.

1924년 도쿄 유학을 마치고 금의환향한 윤심덕은 성악가로서 전성기를 구가했다. 윤심덕이 독창자로 나서지 않는 음악회가 없을 정도로 출연요청이 쇄도했다. 하지만 독창자로 나선다고 수입이 생기는 것은 아니었다. 더욱이 관비유학생이 귀국하면 관립학교 교사로 임용되는 것이 관례였지만, 몇 달을 기다려도 교사 발령이 나지 않았다. 윤심덕은 조선 최고의 성악가로 이름을 날리면서도 정작 생계를 걱정해야 할 만큼 어려운 지경에 내몰렸다.

윤심덕의 나이도 어느덧 스물여덟이었다. 혼기가 꽉 차다 못해 넘긴 상태였다. 도쿄 유학 시절과는 비교할 수 없을 만큼 많은 남성이 윤심덕에게 구애했지만 혼처가 마땅치 않았다. 재산이 있는 남성은 죄다 기혼자였고, 그에게 구애하는 미혼자는 재산이 없었다. 한때 함경남도 대부호의 아들 김홍기와 혼담이 상당히 진전됐지만, 신랑 집안에서 뚜렷한 이후 없이 혼담을 파기했다. 비슷한 시기 윤심덕은 엄청난 스캔들에 휩싸였다.

이용문은 대한제국 내장원경과 대한천일은행 은행장을 지낸 이봉래의 아들이었다. 이용문 자신도 대한제국 정삼품 장례원

전례를 지냈다. 을지로 일대 3만여 평의 토지를 소유한 대지주
였고, 소문난 호색한이었다. 이용문과 부적절한 관계가 세상
사람들의 입방아에 오르내리자 윤심덕은 더 이상 조선에서는
얼굴을 들고 다닐 수 없어 하얼빈으로 도피했다.

하얼빈으로 도피한 윤심덕은 반 년 동안 배형식 목사 집에서
은거했다. 1925년 6월 윤심덕은 형부의 사망 소식을 듣고 젊
은 나이에 남편을 잃은 언니를 위로한다는 명분으로 귀국했다.
윤심덕이 이용문과 스캔들을 일으켰을 때 김우진은 와세다대
를 졸업하고 목포로 돌아왔다. 귀국 이후 김우진은 문학과 연
극 운동을 하고 싶었지만 부친의 강요로 상성합명회사 사장에
취임했다. 상성합명회사는 김우진 집안이 소유한 막대한 토지
를 관리하는 회사였다. 원하지 않는 일을 억지로 떠맡은 김우
진은 우울한 나날을 보냈다. 낮에는 회사 일을 돌보고 밤 시간
을 이용해 작품을 읽고 썼다. 부친에게 자신을 풀어달라고 간
청했지만 번번이 거절당했다. 스캔들에 휩싸여 절망적인 상황
에 처한 윤심덕보다 나을 것이 없는 처지였다. 김우진과 윤심
덕은 편지를 주고받으며 서로의 처지를 위로했다.

1926년 김우진은 윤심덕에게 광무대에서 상설 공연을 하는
토월회에 입단할 것을 권했다. 조만간 집을 나온 후 극장을 차
려 윤심덕과 함께 운영할 생각이었다. 그때까지만 해도 조선사

회는 여배우를 기생처럼 여겼다. 여배우가 되는 것은 신세를 망치는 일처럼 인식됐기에 극단들은 여배우를 구하지 못해 어려움을 겪었다. 그런 시절, 한때 악단의 여왕으로 명성을 떨치던 윤심덕이 여배우가 되겠다고 자원해서 나서자 토월회는 쌍수를 들고 환영했다. 윤심덕은 집안의 만류를 피하기 위해 대구 일갓집에 간다는 핑계를 대고 집을 나와 여관에서 기거했다. 윤심덕이 공연에 출연한다는 광고가 나가자 이용문과 염문을 뿌려 하얼빈까지 달아난 뻔뻔스러운 여자 얼굴이나 보자고 관객이 구름처럼 몰려들었다.

일갓집에 간다고 집을 나간 윤심덕이 여배우가 됐다는 소식을 듣고 그의 모친은 열흘 동안 매일같이 광무대를 찾아와 그를 무대에서 끌어내리려 했다. 모친이 찾아왔다는 연락을 받으면 윤심덕은 손수건으로 얼굴을 가리고 뒷문으로 도망치듯 광무대를 빠져나왔다.

윤심덕은 여배우로 성공하지 못했다. 그의 몸짓은 둔하고 부자연스러웠고, 발음이 부정확해서 대사가 객석까지 전달되지 않았다. 가끔 오쿠다 사진관 2층에 마련한 자신의 거처에서 상경한 김우진과 만나는 것이 유일한 낙이었다.

1926년 6월 김우진은 2년 동안의 목포 생활을 청산하고 집을 나왔다. 가업을 더 이상 돌보지 않고 예술에 전념하겠다고 선언하자 부친은 잘 가라는 말조차 하지 않고 맏아들을 내쫓았지만, 모친은 생활비에 보태 쓰라고 3000원을 마련해주었다. 집을 나온 김우진은 윤심덕에게 알리지도 않고 도쿄로 건너갔다. 김우진이 도쿄로 떠난 지 한 달 후 윤심덕은 음반 취입과 미국 유학을 떠나는 동생 배웅을 위해 오사카로 건너갔다. 닛토레코드에서 27곡을 취입한 후 도쿄에 있는 김우진에게 전보를 쳤다.

'당장 달려오지 않으면 죽어버리겠소.'

1926년 8월3일, 윤성덕이 미국행 배를 타기 위해 요코하마로 떠나자, 윤심덕은 도쿄에서 황급히 달려온 김우진과 함께 시모노세키로 가서 관부연락선 도쿠주마루에 탑승했다. 그 후 아무도 윤심덕과 김우진을 보지 못했다.

1930년 12월 김우진의 동생 김철진과 김익진은 총독부에 수색원을 제출함으로써 한동안 잠복했던 윤심덕·김우진 생존설은 또다시 수면으로 떠올랐다. 생존설은 '윤심덕과 김우진이 관부연락선 도쿠주마루에서 현해탄에 몸을 던져 정사했다는 것은 한낱 연극일 뿐이고, 실상은 도쿠주마루 일등선실 급사를 매수해 정사한 것처럼 위장한 후 나가사키를 거쳐 상하이로 가서 중국인 명의로 다시 이태리로 건너간 후 로마에서 악기점을 경영하면서 단란한 가정을 꾸몄다'고 설명한다.

1931년 11월, 이탈리아 주재 일본영사관은 김우진의 유족에게 "로마에는 김우진과 윤심덕이라는 이름을 가진 조선인이 살지 않으며, 동양인이 경영하는 악기점도 없다"고 공식적으로 통보했다. 하지만 두 사람의 생존설에서 제기한 것과 같이 중국 여권으로 신분을 가장하고 살 경우에 대해서는 확인하지 못했다. 윤심덕의 노래 〈사의 찬미〉는 비극적인 동반자살 이후 큰 인기를 끌었고, 자유연애 사조를 상징하는 노래로 자리 잡았다. 본래 왈츠이기 때문에 경쾌한 곡조였으나 느린 연주와 애달픈 그녀의 목소리는 처연하고 비극적이기 그지없다. 두 사람의 죽음 후 신드롬을 불러일으킨 이 노래는 우리나라 대중음악사에 음악 외적인 스캔들로 떠오른 최초의 곡이 되었다. 그리고 서양음악을 빌어와 가사를 붙인 대중음악의 유행을 일으키며 본격적인 대중음악 시대의 도래를 이끌었다.

〈 사의 찬미 〉

광막한 황야를 달리는 인생아

너는 무엇을 찾으러 왔느냐

이래도 한세상 저래도 한평생

돈도 명예도 사랑도 다 싫다

녹수청산은 변함이 없건만

우리 인생은 나날이 변했다

이래도 한세상 저래도 한세상

돈도 명예도 사랑도 다 싫다

──────── ┤ <사의 찬미> 관련 콘텐츠

SBS 드라마 〈사의 찬미〉(2018.11.27.~12.04. 방영, 총 6부작) 김정미(글) 장선환(그림), 〈인문하

한소진, 〈사의 찬미〉, 해냄출판사, 2018.

손승휘, 〈사의 찬미〉, 책이있는마을, 2013.

유민영, 〈비운의 선구자 윤심덕과 김우진〉, 새문사, 2009.

전봉관, 〈윤심덕·김우진 '현해탄 정사(情死)' 미스터리〉, 《신동아》, 2007년 9월호.

•• 미몽 ••

(양주남감독, 1936)

애순(문예봉)은 여염집의 부인으로 허영이 심하고 가정을 돌보지 않는다. 참다못한 남편(이금룡)은 애순을 내쫓고, 애순은 남편과 딸 정희(유선옥)를 버려둔 채 정부 창건(김인규)과 함께 호텔에서 지낸다. 어느 날 애순은 창건이 돈 많은 유지가 아니라 가난한 하숙생이자 범죄자임을 알게 된다. 창건 일당은 호텔에서 강도 행각을 벌이고, 이를 눈치챈 애순은 창건을 경찰에 신고한다. 공연에서 본 무용가(조택원)에게 관심을 보였던 애순은 그를 쫓아 택시를 타고 떠난다. 무용가가 탄 기차를 놓치지 않기 위해 애순이 탄 택시는 과속을 하고, 때마침 길을 건너던 딸 정희를 친다. 병원에 간 정희는 무사히 깨어나지만 애순은 죄책감에 약을 먹고 자살한다.

<미몽>의 영화사적 의미

양주남 감독의 데뷔작인 1936년 작 <미몽>은 경성촬영소의 여섯번째 발성영화이자 남아 있는 가장 오래된 유성영화이기도 하다. 1930년대 중반 서울의 풍경은 물론 당대 남한 최고의 무용가로 인정받았던 조택원의 춤사위를 직접 확인할 수 있다. 2006년 극적으로 발굴된 후 디지털 복원을 통해 새롭게 관객들과 만나게 되었다. 집안에 갇힌 주인공 애란의 처지를 새장으로 표현하는 등의 인서트 쇼트, 적극적인 사운드 몽타주 등 영화예술에 대한 당시 영화인들의 자의식과 기술적 수준을 알 수 있는 작품이다.

1930년대 서울의 풍경과 신여성에 대한 대중의 관점 등을 반영한 이 영화는 북한 최고인민배우였던 문예봉이 출연했다. 무엇보다 영화는 식민 시기 조선의 도시풍경과 일본과 서구의 문물이 들어오면서 변화하기 시작한 당시 여성들의 정체성 그리고 이른바 신여성에 대한 사회적 인식을 보여준다. 남편과 큰 소리를 내며 싸운 후 매달리는 딸을 뿌리치고 나가'데파트', 즉'백화점'에서 비싼 옷을 사 입거나 자유롭게 애인을 사귀는 애순의 모습은 우리가 흔히 아는 전통적인 여성상과는 거리가 먼 모습이다. 모든 사회적 질서와 윤리를 위반하고 자신의 욕망에만 충실한 방탕한 여성인 애순은 결국 비극적인 최후를 맞게 되는데 쇼핑과 자유연애를 즐기는 여인으로서 화면을 가득 채운 그녀의 존재감과 마지막 철저한 응징은 빠르게 밀려들던 근대화에 대한 동경과 거부감을 동시에 보여주는 것이기도 했다. 한국 영화사 최초의 '자유부인'이라 할 수있는 애순으로는 해방 전 최고의 스타로 군림했던 문예봉이 맡아 특유의 존재감 넘치는 연기를 선보이고 있다.

　1907년 5월 함경남도 함흥에서 출생하였다. 조부 조병교(趙秉敎)는 함흥군수를 지냈고 부친 조종완(趙鍾琓)은 1896년 창설된 훈련대 무관을 지냈다. 휘문고보를 다니면서 정구(庭球)선수로 활동하였고 보성전문 법과에 재학하면서 전국 정구대회에서 우승하였다. 1922년 연해주 블라디보스톡에서 건너온 박세면(朴洗冕)을 통해 러시아 민속무용을 접했으며 1927년 11월 일본으로 건너가 이시이 바쿠[石井漠]무용학교를 졸업했다. 1929년 일본에서 《어떤 움직임의 매혹》으로 솔로 공연을 하였다. 1932년 귀국하여 경성보육학교에 교수로 부임하였고 조택원무용연구소를 열었다. 1933년 경성공회당에서 첫번째 신무용 공연을 열어 호평을 받았으며 이후 한국춤을 현대적 무용예술로 재창조하는 작업을 전개했다. 1937년 프랑스로 건너가 순회공연을 열었으며, 이듬해 일본 동경 히비야[日比谷] 공회당에서 공연하였다. 1947년 미국으로 건너가 1952년까지 하와이, 로스엔젤레스, 시카고, 뉴욕, 워싱턴 등 미국의 각지를 순회하며 공연활동을 펼쳤으며 현대무용의 거장 루스 세인트 데니스(Ruth Saint Denis, 1879.1.20~1968.7.21)의 후원을 받았다. 1953년에는 유네스코 주최로 프랑스 파리에서 공연회를 가진 후 계속 프랑스에 머물면서 6개월간 공연하였다.

　1960년 한국무용협회 이사장·한국문화단체 총연합회(예총) 최고위원에 취임했고 1965년 예총 고문·무용협회 고문 등을 역임했다.

1973년 예총 상임고문이 되고 1974년 예술원 회원에 선임되었다. 1976년 6월 69세를 일기로 사망하였다. 대한민국예술원상·서울특별시문화상·금관(金冠)문화훈장 등을 수상하였다. 작품에 무용시(舞踊詩)《부여회상곡(扶餘回想曲)》《학(鶴)》《만종(晚鐘)》등이 있고, 무용극《춘향전조곡(春香傳組曲)》《가사호접(袈裟胡蝶)》등이 있다. 1996년 3월 국립극장에 '조택원 춤비(碑)'가 세워졌다.

문예봉 관련 자료

1917년 함경남도 함흥에서 출생했다. 배우 문수일(文秀一)이 부친, 극작가 임선규(林仙圭)가 남편이다. 함흥여자공립보통학교를 중퇴하고, 부친 문수일에 의해 최승희(崔承喜) 무용연구소에서 무용을 배웠다. 1931년 문수일이 창단한 연극시장을 통해 주목을 받아 같은해 『동아일보』와 『조선일보』에 소개되기도 했다. 1932년 나운규(羅雲奎)의 제의로 그와 함께 출연한 이규환(李圭煥) 감독의 「임자없는 나룻배」로 영화에 데뷔했다. 1934년 임선규와 결혼했고, 이듬해인 1935년 조선 최초의 토키영화(발성영화)인 「춘향전(春香傳)」(감독 이명우(李明雨))에 출연해 인기배우가 되었다. 이후 「춘풍(春風)」, 「아리랑 고개」, 「장화홍련전(薔花紅蓮傳)」, 「미몽(迷夢)」, 「나그네」 등 다수의 작품에 여주인공으로 출연, '삼천만의 연인'으로 불렸다. 이규환 등이 주도한 영화사 성봉영화원

(聖峯映畫園)에 임선규와 함께 참여했고, 1938년 성봉영화원이 제작한 친일 성향의 영화 「군용열차(軍用列車)」에 출연했다.

1941년 일제의 지원병 제도 홍보영화인 안석영(安夕影) 감독의 「지원병(志願兵)」, 고아들을 구제하여 '황국신민'으로 만든다는 최인규(崔寅奎) 감독의 「집 없는 천사[家なき天使]」 및 '내선일체와 황국신문'을 강조한 허영(許泳) 감독의 「그대와 나[君と僕]」 등에 출연했다. 1942년에는 조선영화제작주식회사의 연기과 사원이 되었고, 국방헌금을 참여를 홍보하는 김영화(金永華) 감독의 「우르러라 창공[仰げ大空]」에 출연했다. 이외에도 1943년 조선인 지원병 제도를 홍보하는 박기채(朴基采) 감독의 「조선해협(朝鮮海峽)」, 1944년에는 「그대와 나」(1941)와 마찬가지로 조선군보도부(朝鮮軍報道部)에서 제작하고 방한준(方漢駿)이 감독한 「헤이타이상[兵隊さん:병정님]」 및 시골 국민학교 교사가 '내선일체' 논리로 제자들을 지원병에 참전케 하는 「태양의 아이들[太陽の子供達]」(감독 최인규) 등 다수의 친일 군국영화에 출연했다.

해방 이후 조선영화건설본부와 조선영화동맹에서 활동했으며, 1946년 8월 조선영화동맹 중앙집행위원이 되었다. 1948년 3월 남편 임선규와 함께 월북, 6·25전쟁 전까지 북조선국립영화촬영소 배우로 활동하며, 1949년 북한 최초의 극영화 「내 고향」에 혁명가의 아내로 출연한 것으로 시작으로 「빨치산 처녀」, 북한 최초의 민족 고전물인 「춘향전」, 「금강산 처녀」 등에 여주인공으로 출연했다. 1950년 5월에 조선예술촬영소 배우가 되었고, 6·25전쟁 중에는 다수의 전쟁영화에 출연했다. 1952년 12월 「빨치산 처녀」로 공훈배우가 되었으며, 국기(國旗)훈장 제3급을 받았다. 1958년 북·소친선협회 중앙위원, 1961년 조국평화통일위원회 북측본부 중앙위원회 위원에 선출되었다. 1967년 복고주의자 ·감상주의자·허무주의자로 공격받아 모든 공직 및 영화계에서 은퇴, 안주협동농장으로 추방되었다가, 1980년 「춘향전」의 월매역으로 복귀했다. 1982년 4월 '인민배우' 칭호와 국기훈장 제1급을 받았다. 1999년 3월 26일 사망했다.

#5

잃어버린 소녀의 꿈

•• 귀향 ••

(조정래감독, 2015)

1943년, 천진난만한 열네 살 정민(강하나)은 영문도 모른 채 일본군 손에 이끌려 가족의 품을 떠난다. 정민은 함께 끌려온 영희(서미지), 그리고 수많은 아이들과 함께 기차에 실려 알 수 없는 곳으로 향한다. 제2차 세계대전, 차디찬 전장 한가운데 버려진 정민과 아이들... 그곳에서 그들을 맞이한 것은 일본군만 가득한 끔찍한 고통과 아픔의 현장이었다.

수많은 소녀들이 끌려갔고, 238명만이 돌아왔다. 그리고 현재, 46명 만이 남아있다. 영화 〈귀향〉은 대한민국의 가장 아픈 역사, 일본군 '위안부' 피해자들의 증언을 토대로 영화화된 극영화이다. 1991년 8월 14일, 故 김학순씨의 첫 증언 이후 올해로 25년이 되었고, 광복으로부터 70년의 세월이 흘렀지만, 강제로 끌려가던 그날과 위안소에서 겪은 모진 일들은 여전히 할머니들의 가슴속에 아물지 않는 흉터로 남아있다. 수많은 피해자 중 238명 만이 일본군 '위안부' 피해자로 정부에 등록되었고, 영화 제작 당시 46명의 피해자가 생존해 계셨다.

강일출 할머니는 열여섯 나이에 일본군 '위안부'로 강제 동원되어, '소각 명령'에 의해 목숨을 잃을 뻔한 위기에서 가까스로 탈출했다. 영화 〈귀향〉은 이 실화를 바탕으로 1943년, 일본군에 의해 강제로 차디찬 이국땅에 놓이게 된 열네 살 '정민'(강하나)과 소녀들의 이야기를 그렸다. 특히 할머니가 지난 2001년, '나눔의 집'(생존 일본군 '위안부' 할머니 후원시설) 미술심리치료를 통해서 그린 그림 '태워지는 처녀들'을 철저히 재현해, 당시 열여섯이었던 소녀가 피부로 느낀 두려움을, 동시에 전쟁에 혈안 되어 있던 일본군의 잔인함을 여지 없이 '증언' 한다. 조정래 감독은 일본군 '위안부' 피해 여성의 삶과 그들이 겪은 고통을 영상으로 기록해, 여전히 많은 이들에게 회자되는 '홀로코스트' 영화 〈쉰들러 리스트〉(1993), 〈인생은 아름다워〉(1997), 〈피아니스트〉(2002)와 같이 '문화적 증거물'로서의 역할에 기여하고자 하는 진심에서 출발했다.

꿈꾸미의 <차이나는 한 장면>

〈귀향〉은 영화적 장치들을 많이 사용했다. 굿이라는 장치를 통해 죽은 영혼들을 불러들이는 초혼(招魂)의식을 거행한다든지, 원혼을 씻겨준다든지 하는 장면이 인상 깊었다. 또한 '매듭'도 과거와 현재를 이어주는 중요한 끈이자 상징으로 사용되었다. 가장 기억에 남는 장면 중 하나는 위안소로 사용된 유곽의 참상을 보여주기 위해서 카메라 앵글이 부감으로 비추는 장면이었다. 위안소의 전모를 보여주는 장면에서 스크린의 비율이 바뀐다. 와이드한 앵글을 사용해서 디테일하게 묘사함으로써 적나라한 일본군의 죄상을 시각적으로 드러내는 역할을 했다는 생각이 들었다. 정말 가슴 아픈 장면이지만 절대 잊지 말아야겠다는 각오도 생겼다.

신여성의 <차이나는 한 장면>

〈귀향〉의 영어 제목 〈Spirits' Homecoming〉이 영화의 내용과 메시지를 함축한 표현인 것 같다. 살아서 돌아오지 못한 수많은 영혼들을 기리며, 혼으로라도 고향에 돌아오는 소녀의 모습을 재현한 점이 인상적이다.

혼을 부르기 위해서 살아남은 여성이 굿을 통해 혼이 된 친구를 부르는 장면이 나온다. 영혼으로 돌아온 소녀가 역시 영혼으로 남아있을 부모님과 고향집 평상에 마주 앉아 따뜻한 밥을 나눠먹는 장면이 기억에 남는다.

우리의 몸은 시간이 흐르면 사라지지만, 혼이라는 것은 어딘가에 머물면서 누군가를 기다리고 있겠다는 생각이 들었다.

굿 장면에서 영매가 죽은 친구를 불러주고, 전쟁통에 서로 엇갈리면서 흩어진 친구들이 만나서 '너는 좀 더 있다 와라' '좋은 것, 맛있는 것 먹고 오라'고 얘기하면서 화해를 하게 되는데 엔딩으로 참 좋았다는 생각이 들었다. 우리가 생사의 고비에서 "죽어서 만나자" "좋은 곳으로 가라"고 말하는 것처럼 죽어서도 꼭 가고 싶었던 곳이 고향집이라는 생각을 하니 마음이 짠하고 뭉클했다. 실제 역사에서는 겨우 살아남아서 돌아온 고향에서 '환향녀'라는 비난을 받으며 또 다른 고통과 죄의식에 자신을 가둬야 했던 분들에게 이 영화의 엔딩은 일본군에게 꿈과 희망을 짓밟힌 소녀들을 환대하고, 위로하는 따뜻한 장면이 아니었을까 생각된다.

위안부 문제의 역사적 배경

'위안부' 문제가 공론화된 것은 1991년대부터였다. 이전까지 '정신대'라는 표현이 사용되었다. '정신대'라는 표현은 1944년에 일본이 '여자 정신대 근로령'이라는 법령을 발표하면서 시작됐다. 이 법령은 일본이 여성들을 공장, 일터로 강제 징집하기 위해서 만들어진 법이다. '정신대'란 '근로정신대'의 줄임말로 남성들이 징용된 후 군수공장이나 노동 현장에 투입된 여성 노동자들로서, '일본군을 위해 몸을 바친 부대'라는 의미였다. 그러나 정신대로 끌려간 여성들 중 상당 수는 다시 위안부로 끌려가는 비극을 겪어야 했다.

'위안부'라는 표현 역시 '위로하고, 편안하게 해준다'는 뜻이기 때문에 적절한 표현은 아니다. 그러나 오랫동안 사용되어 왔고, '성노예'라는 표현이 너무 직설적이고, 자극적인 느낌이 강해서 '위안부'라는 용어를 계속 사용해 왔다. 최근에는 좀더 신중하고 정확하게 표기하자는 움직임에 따라 '일본군 위안부' 또는 '2차 대전 위안부 피해자' 등의 표현들이 사용되고 있다. 정확한 가해 주체와 시기를 명시하는 것이 역사성을 드러내는 방식이기 때문이다. 이와 비슷한 맥락으로 '친일파'라는 표현을 '민족반역자'라고 바꾸자는 주장이 있다. 누가 가해자인지, 민족 반역이 어떤 반역인지 사건을 특정하는 것이 중요하다는 인식이 퍼진 것 같다.

〈귀향〉 펀딩 프로젝트

영화 〈귀향〉을 각본/연출/제작한 조정래 감독은 지난 2002년, '나눔의 집'(생존 일본군 '위안부' 할머니 후원시설) 봉사활동을 통해 '위안부' 피해 할머니들을 처음 만나게 되었다. 강일출 할머니의 그림 '태워지는 처녀들'을 접하고 큰 충격을 받아 〈귀향〉의 시나리오를 완성시켰지만, 이후 수 년 동안 여러 차례의 투자 거절로 오랜 기간 빛을 보지 못했다. 이후 전 국민을 대상으로 자유로운 후원을 받는 '크라우드 펀딩' 방식을 도입한 조정래 감독은 공식 영화 홈페이지 (http://guihyang.com)를 비롯해 포털사이트 다음(Daum)에서 2차례에 걸친 뉴스 펀딩과 유캔 펀딩, ARS 문자 후원 등 다양한 방법으로 크라우드 펀딩을 진행, 제작비 조달로 영화 제작에 착수한다. 그 결과, 총 75,270명(2016/1/19 기준)이 영화 〈귀향〉의 후원자로 집계되었으며, 순 제작비 중 50%가 넘는 금액 12억여 원의 제작비가 모였다. 또한, 국내뿐만 아니라, 일본과 미국 등 전 세계 각지에서 후원의 손길이 이어져 눈길을 끈다. 약 7만 5천명이 넘는 후원자 명단은 엔딩 크레딧으로 약 10분에 걸쳐 오르며 영화 〈귀향〉의 피날레를 장식한다. 국내외 후원자들의 이름과 함께 드러나는 '위안부' 피해자들이 직접 그린 그림은 영화의 마지막 장면에 삽입되며 그 의미를 더한다.

<귀향> 펀딩 과정 및 결과

- 다음 1차 스토리 펀딩 14,737명 참여
- 다음 2차 스토리 펀딩 17,241명 참여
- 희망해 19,681명 참여,
- ARS 문자후원 19,226명 참여
- 계좌 현금후원 4,307명 참여
- 유캔 펀딩 78명 참여 (총 75,270명 참여, 2016/1/19 기준)

<귀향> 배우들의 재능기부

영화 〈귀향〉에는 50여 년 연기 인생의 손숙을 비롯해 오지혜, 정인기 등 연기파 배우들이 재능기부로 참여해 눈길을 끈다. 영화 속에서 '위안부'로 잡혀갔다가 탈출하여 생존하는 어린 '영희'(서미지) 역의 현재 역할 '영옥' 역을 맡은 손숙은, 지난 2014년 영화의 시나리오를 읽고 조정래 감독에게 노 개런티 출연 의사를 밝히며 적극적으로 참여했다. 손숙은 아물지 않는 상처를 감추고 살아가는 일본군 '위안부' 피해 여성의 모습을 50년 내공의 선 굵은 연기로 표현해 진한 여운과 깊은 감동을 선사한다. 배우 오지혜와 정인기는 극 중 '정민'(강하나)

의 어머니, 아버지 역으로 분해 눈앞에서 끌려가는 어린 딸을 보낼 수밖에 없던 슬픔을 스크린에 녹여내 보는 이들에게 먹먹한 울림을 전한다. 또한 각 분야 스탭들 역시 재능기부로 참여하여 영화의 완성도를 높였다. 이들은 모두 한마음으로 일본군 '위안부' 문제에 대한 사명감과 강한 의지를 드러내며 〈귀향〉의 뜻깊은 제작에 참여했다.

관련 자료

KBS, 〈강연 100℃〉, '국민이 낸 숙제-조정래감독' 편(127회, 2015년 2월 22일 방송)

영화 〈32〉 (궈커 감독, 2014)

〈에미 이름은 조센삐였다〉, 윤정모, 당대, 1997

〈한 명〉, 김숨, 현대문학, 2016

〈함께 쓰는 역사 일본군'위안부'〉, 박정애, 동북아역사재단, 2020

〈망각된 역사, 왜곡된 기억 '조선인 위안부'〉, 최은수, 산지니, 2020

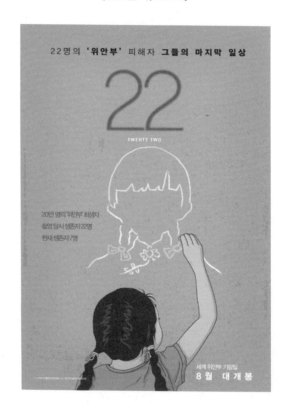

다큐멘터리 〈22〉는 남편이 중국의 독립군이었다는 이유로 일본군에 끌려갔던 할머니의 장례식 장면으로 시작한다. 이후 카메라는 산시성에 남아 있는 위안소 터로 향한다. 허물어져 가는 위안소의 흔적처럼, 할머니들 역시 사라져가고, 이제 남은 것은 기억과의 싸움이라는 것을 보여주는 것이다. 작품의 타이틀 역시 2014년 중국 본토에 생존하고 있는 일본군 위안부의 수 22명을 의미한다.

제2차 세계대전 당시 중국 본토에 일본군 '위안부'로 끌려갔던 희생자 20만 명 중국에 남아있는 생존자는 단 22명. 이들 모두를 카메라에 담았다. 다양한 배경과 사연을 가진 할머니들의 이야기가 대화 형식으로 담긴다. 느리게 움직이는 카메라가 조심스럽게 그녀들에게 다가가 스스로 이야기할 때까지 귀를 기울이며, 그녀들의 지루한 일상을 거리를 두고 지켜본다. 기억하지 못하던 사건들, 그리고 기억하지만 입 밖으로 꺼내고 싶지 않은 이야기들이 채록된다. 산시성에 남아있는 위안소의 초라한 흔적처럼 할머니들의 기억도 점점 희미해져 가고, 역사의 틈을 메우는 것은 이들 남겨진 자들의 기억과의 투쟁이다. 고통으로 점철된 삶의 기억을 꺼내려는 것은 애처로운 싸움이다. 할머니들은 자신의 과거에 대해 자세히 말하는 것을 피한다. 하지만 문득 떠오르는 기억으로 감정이 격해지는 얼굴을 비출 때, 자그마한 낡은 소품들을 카메라가 꼼꼼히 담아낼 때, 말로 전달하는 것보다 더 깊은 울림이 전해진다. 표정, 말투, 손짓, 그리고 분위기가 많은 것을 전달한다는 것을 영화가 보여준다.

영화의 정적이고 관찰적인 스타일은 말해지지 않은 무언의 것을 추론하게 한다. 타인의 삶 속으로 들어가 생활하면서 고백을 끌어내는 제작자를 매개로 하여 그들 위안부 희생자들은 스스로를 드러내기 시작한다. 이는 희생자가 스스로 역사를 증언하는 대안적인 역사방법론이다. 영화는 한국, 중국, 일본을 넘나들며, 전쟁과 식민주의가 아직 끝나지 않은 현재진행형의 문제라는 것을 실천적으로 보여준다.

차이나는 무비 pick

한국과 중국은 같은 역사적 아픔을 공유하고 있다. 그런 점에서 한국과 중국이 공동 제작한 다큐 영화 〈22〉는 '위안부 피해자' 문제를 국제무대로 이끌어 내어 세계의 관심을 주목시키는 데에 커다란 역할을 할 수 있을 것으로 기대한다. 중국 제작사와 한국 제작사는 모두 오랫동안 '위안부 피해자' 문제에 관심을 기울여왔으며, 이번에 더 늦기 전에 국제적으로 강력한 화학작용을 일으킬 수 있는 다큐 영화를 만들어야 한다는 데에 뜻을 같이해 공동제작에 나서게 된다.

"지금이 할머니들의 이야기를 들을 수 있는 마지막 기회라고 생각했다"

- 궈커 감독 인터뷰 중에서

책사의 <차이나는 한 장면>

다큐의 첫 장면이 실제 장례식인 것이 인상 깊었다. 22명 중에 한국인이 3명 정도 출연하신 장면들도 많이 와닿았다. 할머니 한 분 한 분이 각자 자신이 어떻게 끌려왔고, 어떤 일을 당했으며, 지금까지 어떤 삶을 살았는지 증언하는 모습들이 모두 가슴에 남는다. 그중에서도 박차순 할머니가 인터뷰 말미에 "말할 때마다 마음이 아파"라고 하시던 장면, 또 다른 장면으로는 중국인 할머니가 일본군이 엄마의 손발을 묶어 강물에 던져 죽인 장면을 회상하다가 마지막에 목이 메어서 "나 이 이야기 그만할래"라고 말하던 장면, 또 다른 할머니 역시 증언 마지막에 "이제 그만 말할래"라고 하시던 장면이 기억에 남는다. 한 사람 한 사람의 스토리를 듣다가 감정이 격해지거나 울분에 찬 모습을 마주할 때마다 관객으로서 함께 일본군이 밉고, 분노하게 되었다. 수도 없이 증언을 통해 고통의 시간을 떠올리고, 악몽 같은 장면을 설명해야 했던 할머니들의 슬픔과 한이 느껴지는 장면들이었다.

자영업의 <차이나는 한 장면>

중국어 제목에서는 〈귀향〉의 '귀'가 돌아온다는 뜻의 '귀(歸)'
가 아니라 귀신을 뜻하는 '귀(鬼)'자를 써서 〈鬼鄕〉으로 번역
이 되었다. '원혼들의 고향'이라는 뜻이다. 다큐에서 한국인 할
머니들이 세 분 정도 등장하시는데, 고향을 떠난 지 70년이 더
지나서 이제는 한국어가 전혀 기억이 나지 않는다고 말씀하시
면서도 '아리랑'을 부르시는 모습에서 마음이 짠했다. 전쟁터
로 끌려가기 전에 나물을 캐면서 부르던 '도라지'를 여전히 기
억하시고, 부르시는 모습도 인상 깊었다.

영화 속 <차이나는 한 마디>

〈22〉의 스크롤 장면에서 할머니들의 증언이나 감회 등이 자막
으로 올라가는 부분이 있다. 그중에 한 마디를 선택했다.

"세상은 정말 좋은 것 같아요"

중국의 위안부 문제

중국의 위안부 역사는 1931년 일본이 만주를 침략한 후 일본 해군이 만주에 위안소를 만들었다는 기록도 있다. 1937년 중 일전쟁이 발발하고, 1938년 일본의 '국가총동원법'을 반포하 면서 위안부 여성들이 대거 중국으로 이동했다. 그러나 중국에 서는 군 위안부 문제가 공론화되지 않았다. 중국에서는 국가가 위안부 피해 문제를 조사하거나 지원하지 않는다. 〈22〉의 피해 자들도 민간에서 찾아낸 분들이다. 중국 내 위안부 문제를 연 구한 학자로 상하이 국립대 쑤지량 교수가 대표적이다. 국가 주 도로 피해 규모와 사례를 조사했다면 훨씬 더 많은 생존자를 파악할 수 있겠지만 중국 정부의 미온적 태도로 피해자들의 현황이 정확하게 드러나지 않는다. 〈22〉는 중국의 위안부 문 제를 본격적으로 공론화시킨 첫 작품이라고 할 수 있다.

⟨22⟩ 크라우드 펀딩과 관객 수

⟨귀향⟩의 사례처럼, ⟨22⟩은 크라우드 펀딩을 통해 제작비를 모금했다. 총 32,099명의 펀딩에 참여해서 영화가 제작되었다. 비록 한국에서는 ⟨22⟩의 개봉 성적이 좋지 못했지만, 중국에서는 개봉 12일 만에 제작비의 60배에 달하는 550만 명의 관객을 동원하면서 흥행에 성공했다. 중국 영화사상 처음으로 박스 오피스 1억 위안을 돌파한 다큐멘터리로 기록되었다.

중국 현지 인터뷰 - 쓰즈량 교수 (진행: 자영업)

Q 어떤 계기로 위안부 문제 연구에 천착하게 되셨는지요?

A 나는 한 권의 책에서 이렇게 썼다. 1991년부터 93년까지 나는 도쿄대학에서 연구 중이었다. 1992년에 도쿄에서 김학순 할머니가 위안부 문제 배상과 관련해 시위하는 광경을 직접 목도했다. 그때 어떤 사람이 세계 첫 번째 위안소가 상하이에 있었다는 걸 알려줬다. 나는 아무것도 몰랐다. 그래서 93년 상하이에 돌아와서부터 조사를 시작했다. 처음에는 그냥 사소한 문제라고 생각했다. 작년에 우리가 책 한 권을 냈는데, 상하이 같은 경우 나는 상하이에 4개의 위안소가 있을 거라고 예상했는데 이 책에서만 172개를 밝혀냈다.

이 문제는 굉장히 중요하다.

Q 구술 인터뷰, 자료 구축 등 연구 과정 전반 중에 가장 중요하게 여기는 것은 무엇입니까?

A 내가 생각하기에 나의 작업 중에 가장 중요한 것은 되찾기 쉽지 않은 역사를 최선 다해 복원하는 것이다. 일본 정부와 일본 군대는 이 시기 역사의 흔적을 지우려고 했다. 예컨대 전쟁 후에 조선총독부 관련 문서들을 다 불태웠다. 또 관동군 사령부 사료도. 하지만 역사는 그래도 존재했다. 우리는 조금씩 조금씩 이를 발굴해 복원해야 한다. 이 과정은 매우 어렵다. 나는 내가 26년, 27년 동안 이것을 하고 있을 거라고는 생각지도 못했다. 아마 우리는 더 긴 시간을 통해 이 역사의 부분을 복원해야 할 것이다. 인류의 문명사에서 군사 성노예 제도가 있었다는 사실을 알리는 것과 함께 이는 반인류적인 만행임으로 반드시 성찰해야 한다.

Q 아픈 역사이기에 조사과정이 괴로웠을 법하다. 학자로서 어떻게 느끼십니까?.

A 이는 매우 고통스러운 과정이다. 예컨대 우리가 중국에서 생존자를 확인했을 때 부인과 동행하는데 부인도 교수다. 왜냐면 이것은 여성과 여성이 대면해 교류해야 한다. 나 같은 남성이 조사에 개입하기에는 부적절한 부분이 있다. 그래서 그는 번마다 많은 눈물

을 흘리고 가슴 아파한다. 우리는 작년에 호남에서 97세의 어르신을 찾았다. 나의 부인이 4명의 여학생을 데리고 호남에 갔다. 현지인들도 앞서 조사를 했지만 말하지 않았다. 왜냐면 현지 조사인들은 남성 연구자들이었다. 그(부인)가 오랫동안 설득한 끝에 그제야 어르신이 본인의 아픈 과거사를 고백했다. 그래서 이분이 우리가 가장 최근에 확인한 생존자다.

Q 사모님이 가장 든든한 조력자시군요?

A 사실 우리는 협력관계이기도 하다.(부인을 가리켜) 최근에 설 명절에 즈음해 우리는 어르신들을 위문했다. 어떤 어르신은 몸이 정말 안 좋으시다. 한 집 한 집 방문하는 일을 이틀 전에 마쳤다. 지금 중국에는 아직 14명의 생존자가 있는데 평균연령은 93세이다.

Q 위안부 문제 연구는 결국 시간과의 싸움이 아닐까 하는 생각이 듭니다.

A 확실히 그렇다. 사실 중국에서는 한국처럼 피해자를 찾는 등 전국적으로 공론화하지 않았다. 이는 중국 정부가 일본이 스스로 반성하기를 바랐던 모양이다. 중국 정부는 그동안 그들(피해자)이 나서줄 것을 권장하지 않았다. 그래서 우리의 작업도 어려움이 많다. 예컨대 산둥 같은 경우 사실 생존자가 많다. 산둥은 공자와 맹자의 고향이기 때문에 성 피해를 말하기 어렵다. 한 사람도 선뜻

나서는 사람이 없다. 그래서 우리가 찾아낸 숫자도 한국과 비슷한데 그냥 200명 정도 나서서 증언했다. 만약에 중국 정부가 독려했다면 2000명보다도 더 많이 발견되었을 것이다.

Q 피해자와 정부를 동시에 설득해야 하는 어려움이 있다. 어떻게 생각하는가.

A 먼저는 피해자 쪽이다. 우리의 조사가 원활하지 못한 부분이 있는데 그가 말하는 걸 꺼린다. 특별히 집안에 아들이나 손자가 있는 어르신은 더 그렇다. 상하이를 비롯한 여러 곳에서 이런 경우가 있었다. 마찬가지로 정부에서도 때로는 우리를 간섭할 때가 있다. 예컨대 작년 8월에 국제심포지엄을 진행하려고 했는데 정부 측에서 중일우호조약 40주년을 기념한다는 이유로 행사를 연기할 것을 요구했다.

Q 중국 정부 당국이 위안부 문제 연구를 적극적으로 지원하고 있는지요?

A 사실은 그렇지 않다. 처음 시작 때부터 나의 조사와 논문 발표를 정부에서 반대했다. 90년대까지만 해도 중일관계는 비교적 우호적이었다. 하지만 내 생각은 내가 이 일을 하는 것은 중일 간의 우호뿐만이 아니라 모든 인류가 이러한 역사에 대해 분명한 반성이 있어야 한다. 일본 침략자들의 만행을 밝혀내는 것이 중요하다. 나는 이것이 매우 중요하다고 생각한다. 특별히 10년 후, 20년 후에

는 (생존자가) 아주 적을 것이기에 우리는 하루빨리 조사에 임해야 한다. 하지만 그렇다고 중국 정부가 줄기차게 반대만 했던 것은 아니다. 예컨대 전에 우리가 연구비를 신청했을 때, 물론 바로 조달하는 것이 아니라 심사를 거쳐서 주겠지만. 한국처럼 여성가족부에서 주는 것이 아니라 중국에는 학술기구가 있어서 심사를 거쳐 연구의 타당성이 있다고 판단될 때 지급한다.

Q 다양한 미디어를 활용할 수도 있는데 박물관을 특별히 조성하신 이유는 무엇입니까?

A 사실 박물관의 가장 중요한 기능은 국민에게 홍보하는 것이다. 이러한 형상적인 공간은. 예컨대 이것은 당시의 사진을 보고 복원한 위안부의 방이다. 이것은 상하이에 있는 해군의 위안소인데 일본 군인이 위안소로 들어가기 위해 표를 사는 일종의 응접실이었다. 우리는 이것을 다 복원했는데 역사가 어떠했는지 직관적으로 알아볼 수 있다. 왜 전시물이 적냐. 세월이 많이 흘렀기에 많은 것을 찾기가 어렵다. 최근에 나는 리지샹 기념관에 낡은 가구들을 제공했다. 이것은 상하이에 있는 어르신이 기증한 것이다. 이 어르신의 양어머니는 난징의 위안부였다. 이미 돌아가셨고 지금 계셨다면 백여 세셨을 거다. 그는 그 어머니의 유품을 기증했던 거다. 나는 다시 그것을 리지샹에 기증했다. 아마 아직 전시하지는 못했을 거다. 앞으로 (전시물이) 더 다양해질 것이라 기대한다.

Q 리지샹 위안소 진열관 개관했을 때의 심정은 어떠셨는지요?

A 나는 (기념관) 건설에 참여했기 때문에 일반 관객과는 (감회가) 다르다. 물론 이 주제는 매우 무겁기에 어떤 사람이 들어간들 다 마음이 무거울 것이다. 이 시기의 역사는 말하기 어렵다. 하지만 이런 박물관과 같은 공간도 적당히 존재해야 한다. 중국에는 4개의 이런 박물관이 있는데 난징, 상하이 외에 흑룡강, 운남에도 있다. 하지만 나는 모든 위안소의 건물이 다 보호되어야 한다고 생각지는 않는다. 그러면 국가에서 돈을 많이 투자해야 하고 가능성도 크지 않다. 중요한 몇 채를 보호하는 것은 필요하다.

Q 역사인식에서 기록과 기억은 왜 중요할까요?

A 역사는 한 세대 한 세대 전수하는 것이다. 박물관. 기념관, 영화 도서가 바로 기억의 도구다. 기억이 없으면 사람들은 역사를 잊을 수밖에 없다. 과거에 어떤 철학자가 말하기를 역사를 잊는다는 것은 배신을 의미한다. 역사를 잊으면 역사로부터 교훈을 얻을 수 없기에 아마도 이 역사가 반복될 수도 있다. 지금 아베 정권처럼 일본은 계속 부인하고 있다. 한국의 고등법원에서 강제징용노동자에 대한 일본의 배상을 판결했지만, 일본은 배상을 거부한다. 이는 일본이 그 시기 역사에 대해 그릇된 인식 갖고 있음을 말하고 있다. 만약에 조건이 갖춰진다면 일본은 다시 군국주의의 길로 갈 것인가. 우리가 역사로부터 이와 같은 고민과 경험을 추출해야 한다.

Q 역사의 진실을 알리기 위해 힘쓰는 사람들을 위해 조언을 부탁드립니다.

A 내가 생각했을 때 우리는 공통된 목표를 위해 공동으로 싸우고 있다. 이 중에는 많은 어려움도 있겠고, 한국의 사회나 정치도 아주 안정적이지는 않다. 박근혜 대통령 때와 같이 이런 협의도 발생할 수 있고 등등. 하지만 우리가 하는 일은. 오래된 역사일수록 사람들이 이 일의 소중함을 더욱이 느낄 것을 나는 믿는다. 나도 2월에 필리핀에 가서 회의 참석할 예정인데 한국의 친구도 있고, 북한의 친구도 있다. 우리는 위안부 문제와 관련해서 어떻게 대응해 나갈 것인지 논의하겠다.

Q 한국인들의 방문도 많은가요?

A 사실 한국에서 오는 사람들 꽤 많다. 가장 많은 날에는 하루에 500명도 찾아왔다. 하루에. 엄청 많은 버스. 한국의 교육위원회 쪽에서 추천하는 코스가 있다. 상하이에는 임시정부 기념관이 있고, 윤봉길의 매헌이 있고, 상하이사범대 위안부 박물관이 있기에 상하이에 수학여행 갈 때 여기를 둘러볼 것을 권장한다. 그래서 선생님들이 학생들을 데리고, 특별히 봄가을에. 때로는 매일같이 100명 넘는 한국 학생들이 온다.

●● 주전장 ●●

(미키 데자키감독, 2018)

　〈주전장〉은 일본군 '위안부' 이슈에 대한 날카로운 시선을 통해 우리 모두의 시각을 전복시킬 영화로 주목받고 있다. "일본군 '위안부' 이슈는 국제적인 여성 인권의 문제"임을 강력히 주장하는 미키 데자키 감독은 단지 두 나라 사이의 외교 문제가 아니라, 국제적인 여성 인권의 측면에서 '전시(戰時) 여성에 대한 폭력'을 어떻게 보아야 하는지에 대한 시사점을 던진다.

　영화 속에는 그간 '금기'시 되어왔던 이슈들까지 섬세하게 담겨있다. "한국은 오랫동안 가부장적인 국가였기 때문에 성적 순결을 잃은 여성에 대한 사회적 비난과 낙인화가 심했어요. 그렇기에 이 여성들이 피해자임에도 불구하고 '민족의 수치, 가족의 수치, 공동체의 수치다'라는 인식 속에서 침묵할 수밖에 없었던 사회적 분위기가 존재했죠"라는 이야기를 전한 이나영 사회학 교수는 여성을 향한 성폭력을 바라보는 한국 사회 전반에 대한 문제의식을 전한다. 나아가, "피해자의 직접적인 증언은 신빙성이 없으며 공식 정부 문서로 된 구체적인 증거는 존재하지 않는다고 주장함으로써 결국 이 피해자들은 신뢰받지 못하게 됩니다. 2차 성폭력을 가하고 있는 것이죠", "자유를 빼앗긴 채 지속해서 강간당했는데 1억 엔을 준다고 해서 왜 '성노예'라고 하면 안 되는지 저는 잘 모르겠네요"라는 주장들은 과거의 특정한 역사를 넘어, 2019년 현재에도 이어지고 있는 여성을 향한 성적 학대와 폭력에 대한 묵직한 메시지로 치환된다.

〈주전장〉이라는 영화 제목만 보고는 무슨 뜻인지 그 내용을 단번에 알아 차리가 쉽지 않다. 물론 우리나라에서는 잘 안 쓰는 표현이지만, 한자를 보면 뜻과 내용을 알아볼 수 있다. 主(주인 주), 戰(싸움 전), 場(마당 장), 한자의 뜻을 살펴보면 제목의 의미를 짐작할 수 있다. 주전장은 '주된 싸움터' 혹은 '전략적 요충지를 둘러싼 전쟁터'를 의미한다. 영화는 일본군 위안부 문제를 둘러싼 전장(戰場)을 다루고 있다.

일본계 미국인인 미키 데자키 감독은 원래 일본에서 영어를 가르치는 강사였다. 그런데 일본에서 생활하면서 일본인들에게 인종차별을 경험하게 되었다. 이를 계기로 일본 사람들의 차별 의식의 뿌리를 파헤치기 시작한다. 이 과정에서 한일 간의 갈등, 그리고 일본 우익들의 활동에서 주요 격전지인 혐오 감정, 특히 한국인에 대한 뿌리깊은 증오를 발견하고 다큐멘터리를 기획하게 된다.

영화는 한일 위안부 문제에 대한 감독의 문제의식에서 출발했지만, 일본 우익들의 아시아 패권에 관한 문제로 이어진다. 일본의 자민당 중의원인 스키타 미오 역시 아베와 유사한 행보를 보인다. 그녀는 영화 속에서 '절대 일본은 그런 적이 없다', '일본은 거짓말을 하지 않는다' 등의 이야기를 한다. 과연 그녀는 진실을 일부러 외면하는 것인지 혹은 자신이 믿는 것이 진정한 진실이라고 생각하는 것인지 의문이 든다.

신여성의 <투비 오어 낫투비>(TO BE OR NOT TO BE)

가세 히데아키 역시 이와 유사한 망언을 일삼는다. 그는 영화에서 다음과 같은 인터뷰를 한다. "중국이 옛 소련처럼 붕괴하면 한국은 일본에 의지할 수밖에 없다. 그러면 한국은 가장 친일적인 훌륭한 나라가 된다. 한국은 시끄럽게 구는, 버릇없는 꼬마처럼 귀여운 나라다. 개인적으로 아주 좋아하는 나라다." 본인이 쓴 책 외에는 읽지 않는다는 가세 히데아키. 영화 <주전장> 속 인정할 수 없는, 가만히 보고만 있을 수 없는 캐릭터임에 분명하다.

책사의 <투비 오어 낫투비>(TO BE OR NOT TO BE)

가세 히데아키 역시 이와 유사한 망언을 일삼는다. 그는 영화에서 다음과 같은 인터뷰를 한다. "중국이 옛 소련처럼 붕괴하면 한국은 일본에 의지할 수밖에 없다. 그러면 한국은 가장 친일적인 훌륭한 나라가 된다. 한국은 시끄럽게 구는, 버릇없는 꼬마처럼 귀여운 나라다. 개인적으로 아주 좋아하는 나라다." 본인이 쓴 책 외에는 읽지 않는다는 가세 히데아키. 영화 <주전장> 속 인정할 수 없는, 가만히 보고만 있을 수 없는 캐릭터임에 분명하다.

자영업의 <투비 오어 낫투비>(TO BE OR NOT TO BE)

물론 저들과 달리 일본 우익에 반대하는 목소리를 내는 인물들도 영화 속에 등장한다. 그렇게 일본 우익들 사이사이에 마치 한 줄기의 억센 풀처럼 살아있는 이들의 인터뷰를 보면, 정의(正義)라는 것이 힘의 균형을 맞추기 위한 노력이라는 생각이 든다. 일본에 대해서 혹은 한국에 대해서 일방적인 혐오만을 가지는 것이 아니라 무엇이 옳은지 계속해서 생각하게 하는 노력이 곧 정의(正義)이지 않을까.

박경리, 『일본산고(日本散考)』, 마로니에북스, 2013.

〈토지〉의 저자로 알려진 박경리 선생님이 쓰신 『일본산고(日本散考)』이다. '일본에 대한 이런저런 생각들'이라는 뜻의 이 책의 부제는 '역사를 부정하는 일본에게 미래는 없다'이다. 한마디로 책을 소개하자면, 1927년생으로 일제강점기에 성장기를 보내신 박경리 선생님께서 우리에게 전하는 일본에 대한 충고가 담긴 책이다. 장편 소설 〈토지〉가 워낙 양이 길어 읽기 부담스럽기 쉬운데, 〈토지〉를 읽기 전에 『일본산고(日本散考)』를 읽어보는 것도 좋을 것 같다.

쑤즈량(蘇智良), 『일군위안부연구』, 2015, 단결출판사(중국)

상하이 사범대 사학과 교수인 쑤즈량 교수는 1992년도에 도쿄를 방문하고, 그때서야 '위안부' 문제를 알게 된 것에 대한 자괴감에서 시작해 지금까지 위안부 문제를 연구하고 있다. 중국에서 유일한 위안부 소녀상도 상하이 사범대에 설치되었다. 쑤즈량 교수는 『일군위안부연구』라는 책에서 일본 측이 주장하는 위안부의 수(20만명)가 중국인 위안부를 고려하지 않았다고 주장하며, 실제 위안부의 수는 36만에서 40만에 이른다고 이야기한다.

장쑤왕빙(张双兵),『위안부조사실록』, 2015, 강소인민출판사

중국에서 위안부 문제를 연구하는 또다른 작가 장쑤왕빙은 중국 산시성(陝西省)의 아주 작은 마을의 교사이다. 아주 평범한 교사이지만 1982년부터 본인 스스로 위안부 문제를 조사하면서 실제 위안부 여성들의 증언을 모아『위안부조사실록』을 써냈다. 장쑤왕빙은 한 신문사 인터뷰에서 다음과 같은 말을 남겼다. "人走了理还在 , 사람은 갔어도 정의는 남아있다"

영화 <군중낙원>(유승택감독, 2014)

〈군중낙원〉은 2017년 국내에서 개봉한 대만 영화이다. 이 영화는 '특약다실(特約茶室)'에 관한 이야기이다. 이때 '특약'은 특별한 약속, '다실'은 차를 마시는 방을 뜻한다. 그런데 이런 한자의 의미와 상관없이 특약다실은 '831'이라는 속칭으로 불리기도 했던 위안소를 부르는 말이다.

중국 국공내전 당시 장개석이 이끄는 국민당이 대만으로 내려올 때, 금문도를 전략적 요충지로 삼고 이곳에 수많은 군인들을 배치했다. 그리고 1951년, 이곳에 최초로 '군낙원'이라는 이름의 특약다실을 만들었다. 참 놀랍게도 이 특약다실은 실제로 1989년도까지 유지되었다가 인권문제가 제기되어 폐지되었다. 이런 아픈 역사를 다룬 영화 〈군중낙원〉을 〈주전장〉과 함께 본다면 위안부 문제에 대해서 보다 폭넓게 고민해볼 수 있다.

영화 <신문기자>(후지이 미치히토감독, 2019)

〈신문기자〉의 주인공 역은 영화 〈써니〉로 잘 알려진 심은경 배우이다. 지난 2019년 가을 우리나라에서도 개봉한 이 영화는 〈주전장〉처럼 한일 관계에 대해 이야기를 다루고 있다. 간단하게 소개하자면 영화는 아베 총리를 둘러싼 사학 스캔들 중 하나인 가케(加計) 학원' 문제를 배경으로 하는 사회고발 영화이다. 영화는 익명의 제보를 추적하고 파헤치는 한 여성 기자의 이야기를 담고 있다. 실제로 '가케 학원' 문제는 신문사에 도착한 익명의 제보를 통해 이슈가 된 바 있다.

사실 이 영화에는 원작이 있고, 원작 작가는 기자였다. 권력에 굴복하지 않고 기자로서의 소명을 다한 모치즈키 이소코(望月衣塑子)라는 기자가 쓴 에세이를 영화로 각색한 것이다. 그래서인지 영화 제작 당시 아베 정권에 비판적 목소리를 내는 이 영화의 여주인공으로 선뜻 나서는 일본 여배우가 없었다고 한다. 이러한 배경에서 우리나라 배우인 심은경이 주연을 맡게 된 것이다. 영화 〈주전장〉에서도 보여지는 아베 정권의 언론 통제 속에서도 진정한 기자의 역할을 생각해보도록 만드는 영화 〈신문기자〉를 〈주전장〉에 얹고 싶다.

3장

세월은 흘러가도
산천은 안다

6

전쟁의 상처와 트라우마

•• 하얀 전쟁 ••

(정지영감독, 1992)

한기주는 월간 시사집에 월남전 소설을 연재하며 살아가는 40대의 중년이다. 이럭저럭 지내온 세월 속에 그는 이미 중년이 되었고, 가끔씩 그는 원인을 알지 못하는 무력감과 월남전 참전의 후유증을 앓으면서 살아간다. 그 대가로 이혼한 아내는 아들과 함께 재혼해 살고 있다. 그러던 어느 날 한기주는 느닷없는 전화를 받는다. 월남전 전우였던 변진수가 갑자기 나타난 것이다. 변진수는 말단 소총 중대의 졸병으로 전투 중, 바지에 똥을 싸고 공포에 질려 정신을 잃던, 조금 멍청한 그 녀석이 10여 년의 시간이 지난 지금 그 앞에 나타난 것이다. 그는 무작정 변진수와 만날 것을 서둘렀고, 서서히 월남전의 악몽 속으로 되돌아가고 있었다. 그러나 전화만 걸어오고 그의 주변만을 맴돌 뿐 좀처럼 모습을 보이지 않는 변진수의 행동은 한기주를 보다 혼란하게 만들고 점점 월남전의 악몽으로 내쫓기게 한다. 그리고 월남전의 회상을 통하여 변진수가 그토록 헤어나지 못했던 의문의 실체를 찾기 시작한다.

보이지 않는 적의 기습에 대비하여 땅만 파던 월남파병 초년병들이 조금씩 전투를 경험하면서, 천천히 죽음의 거대한 그림자 속으로 한 발자욱씩 다가가면서 느끼는 공포와 그의 전우들이 죽음의 그림자와 맞부딪치면서 보여주었던 인간적인 반응들을 떠올리며 그 시절들을 회상한다. 수백 명의 베트공을 상대로 육박전을 벌이면서 죽어간 전우들의 모습과 그 전투를 마지막으로 귀국선을 기다리던 한기주의 부대에게 중대한 최후의 비밀 작전이 떨어진다. 대공세를 앞둔 아군은 먼저 베트공의 거점을 확인해야만 했다. 적의 근거지를 확인하고 그 지역의 지도상의 좌표만 본부에 알리면 그들의 임무는 끝나고 기다리던 고국으로 돌아갈 수 있는 것이다. 죽음의 계곡에 투입된 그의 소대는 월남에서 마지막 도박을 시작했다. 어둠과 함께 새까맣게 몰려오는 베트콩과 죽음의 결전이 치열하게 벌어진다. 그들은 엄청난 희생으로 대가를 치르고, 작전 완료 후 인원 점검. 47명의 소대원 중 살아남은 소대원은 7명. 그리고 한기주는 귀국을 했고, 10년이 지난 오늘 죽음의 계곡에서 살아남았던 변진수와 만나게 되었다. 한가로운 결혼식장의 한모퉁이에서 "제가 한병장님을 찾았던 것은 나 대신 죽여 줄 사람이 필요했기 때문이었어요." 한기주는 권총을 들어 변진수의 이마를 겨눈다.

원작 소설 <하얀전쟁>과 작가 안정효

<하얀전쟁>은 작가 안정효가 월남전에 참전한 경험을 살린 자전적 소설을 영화화한 작품. 1983년 《실천문학》에 『전쟁과 도시』란 제목으로 소설을 발표한 후 안정효는 『White Badge』라는 제목으로 이를 직접 영문으로 번역, 미국 소호에서 출판되어 100만 부 이상 팔려나갔다. 소설은 두 가지 시간대에 이루어지는 사건들로 하나는 주인공 한기주가 1960년대 중반 백마부대원으로 월남전에 종

군하면서 약 1년 동안 겪게 되는 전쟁 경험과 1980년대 중반 이 기
간의 경험을 회상하며 참전 동료인 변진수를 만나고 그를 살해하게
되는 사건으로 교직된다.

영화 속 한국의 근대와 베트남전

감독은 이 영화에서 실존적 시각에 초점을 맞춘 원작을 사회적
맥락에서 재구성하면서 집단화된 폭력이 어떻게 개인의 인간성을
말살하는가를 조망하고 있다. 모든 폭력을 무기력하게 견뎌 낼 수
밖에 없었던 지식인 한기주의 자의식을 부각하고, 극도의 공포 속
에서 정신이 분열된 변진수가 죽음으로 고통스러운 전쟁의 기억으
로부터 탈출하고자 하는 모습을 보여준다. '하얀 전쟁'이 뛰어난
점은 베트남전이라는 한국 현대사의 주요 사건을 반성적으로 바라
보는 데 그치지 않고 처참하게 파괴된 두 참전 용사의 전후의 삶과
내면 풍경을 통해 죽는 자의 생명뿐 아니라 죽이는 자의 정신까지
도 파괴하는 전쟁의 폐해를 속속들이 파헤쳤다는 데 있다.

베트남에서 촬영한 최초의 한국 영화로 당시 비둘기 부대 전술
책임 지역이던 사이공을 중심으로 다낭, 나트랑, 투이호아, 푸케트
등에서 촬영되었다. 다낭은 청룡부대, 나트랑은 청룡·백마 30연대
등 파월 한국 군대가 머물렀던 곳이고 투이호아는 베트남전 당시
가장 격렬한 전적지로 기록된 곳이다. 당시로써는 한국영화사상 최

고액인 20억 원 이상의 제작비가 투입되고 전투장면 등 어둠 속에서 촬영이 가능한 BL4S 등 최첨단 장비가 사용됐다.

베트남전과 한국군의 민간인 학살

2018년 4월 21~22일 서울 마포구 문화비축기지에서 '베트남전쟁 시기 한국군에 의한 민간인학살 진상규명을 위한 시민평화법정'(이하 시민평화법정)이 열렸다. 이는 2000년 일본 도쿄에서 열렸던 ' 일본군 성노예 전범 여성국제법정'(이하 2000년 여성법정)을 롤모델로 하여 가해국의 수도에서 가해국의 책임을 물은 민간법정이었다.

베트남전쟁 당시 한국군에 의한 민간인학살의 정확한 규모는 지금까지도 확인되지 않고 있지만, 최소한 80여 개가 넘는 마을에서 9,000여 명의 민간인이 살해당한 것으로 추정된다. 시민평화법정은 그중 베트남 중부 꽝남성의 퐁니·퐁녓 마을 및 하미 마을 사건을 대상으로 각 마을의 생존자 2명을 '원고'로, 대한민국을 '피고'로 하여 민간인학살 사실과 책임을 다루었다. 두 사건 모두 1968년에 일어났기에, 시민평화법정이 열린 2018년은 학살 50주기가 되는 해였다.

시민평화법정 개최를 위해 수십 개의 시민단체와 995명의 개인이 준비위원으로 모였으며, 행사 양일 동안 시민들은 300여 석의 방청석을 연이어 가득 채웠고, 국내외 취재진들이 몰려들어 행사 내용이 보도, 중계되었다.

김영란 전 대법관, 이석태 변호사, 양현아 서울대학교 법학전문대학원 교수로 구성된 시민평화법정의 재판부는 이틀에 걸친 심리 끝에 피고 대한민국이 원고들에게 공식적 사과와 배상을 해야 한다고 판결했다.

"대한민국은 원고들에게 국가배상법 배상 기준에 따라
배상금을 지급하고 원고들의 존엄과 명예가 회복될 수 있도록
공식 사과하라."

한국에서 베트남전 민간인학살 문제가 공론화된 것은 1999년에 와서였다. 피해자들의 증언이 국내 언론에 보도되며 한국 시민사회에서 '미안해요 베트남' 운동이 시작되었다. 베트남 현지 생존자들의 목소리뿐 아니라 소수 참전군인들의 양심적 증언까지 더해졌지만, 국방부를 비롯한 한국 정부 기구는 '민간인학살은 존재하지 않았다'는 입장을 고수했다. 김대중 대통령은 '불행한 전쟁', 노무현 대통령은 '마음의 빚' 정도로 언급했을 뿐이다. 이처럼 정부가 그 책임을 부인하는 가운데 2018년, 시민사회에 기반한 법정이 열린 것이다.

시민평화법정은 그동안 한국 사회가 듣지 않으려 했던 증언을 의미있게 듣고 응답하며 그 책임을 인정한 자리였다. 재판부가 선고

한 약식 판결문에는 '피고 대한민국은 원고들에게 국가배상법 제3
조에 따라 배상금을 지급하고, 법적 책임을 인정하는 공식선언을
할 것, 1964년부터 1973년까지 베트남에서 대한민국 군대에 의해
발생한 베트남 민간인에 대한 살인, 상해, 폭행, 성폭력 등 일체
의 불법행위 발생 여부에 관해 진상조사를 실시할 것, 전쟁기념관
을 포함해 대한민국 군대의 베트남전쟁 참전을 홍보하고 있는 모든
공공시설과 공공구역에 진상조사 결과를 전시할 것'이 권고되었다.
또한 재판부는 오랜 시간 고통을 겪어왔음에도 용기를 내어 멀리
한국까지 와서 진실을 증언해준 두 원고들에게 존경과 연대의 인사
를 전했다.

베트남전쟁 민간인 학살 문제가 잊혀져 가는 상황을 문제 삼고
이를 다시 공론화시키려 한 시민평화법정 이후, 학살 생존자들의
진상조사 요구와 실제 법정 투쟁이 현재 진행 중이다. 이러한 활동
은 일본군'위안부' 피해생존자들과의 연대로도 이어지고 있다.

일본의 전쟁 책임 자료센터 엮음, 강혜정 옮김, 『일본의 군 '위안부' 연구』, 동북아역사재단, 2011.

임재성, 「눈부셨던 응우옌티탄들: 베트남전 민간인학살 시민법정이 남긴 것들 , 『문학3 2, 2018.

'퐁니학살 생존자 응우옌티탄 국회 기자회견 성명서', 2018년 4월 19일. (출처: 한베평화재단 홈페이지)

2018. 4. 22. 선고된 약식 판결문'. 시민평화법정 준비위원회 블로그.

「피고 대한민국에 '망각금지'를 선고하다」, 『프레시안』, 2018년 5월 10일.

'베트남 전쟁 시기 한국군에 의한 민간인학살 진상규명과 피해자 명예회복을 위한 학살 피해자들의 청원서'(2019.4.4.), 시민평화법정 준비위원회 블로그.

https://blog.naver.com/tribunal4peace/221505240819

「위안부 피해 할머니들 전쟁 사라질 때까지 함께 싸워요」, 『한겨레』 2015년 4월 5일.

『베트남 전쟁 시기 한국군에 의한 민간인 학살 진상규명을 위한 시민평화법정 자료집』.

•• 지슬 ••

(오멸감독, 2012)

영화 〈지슬〉은 죽은 자와 산 자를 위한 굿판을 연상케 한다. 첫 장면부터가 알 수 있듯이 카메라의 앵글은 구름 위 하늘에서부터 마을로 지긋이 내려온다. 마치 원혼들이 바람을 타고 내려오는 듯한 느낌이 들게 하고, 마루바닥에 흩어진 제기들은 이 영화가 그들을 위한 위령제라는 눈짓을 준다.

감독이 제주 4.3 당시 이름 없이 돌아가신 분들의 제사를 지낸다는 마음으로 〈지슬〉을 만들었다고 말했듯이 영화는 제의적 형식을 띤 네 개의 시퀀스로 전개된다. 먼저 '신위'(神位-영혼을 모셔 앉히다)는 다시 말해 '영혼을 부른다'는 뜻이다. 이때 영화는 1948년 11월로 돌아가 군인들부터 마을주민들까지 모두 현재로 불러온다. 두 번째 '신묘'(神廟-영혼이 머무는 곳)의 차례에서는 당시의 삶을 다시금 보여주고 그들이 죽음에 이르기까지의 과정을 살핀다. 세 번째 '음복'(飮福-영혼(귀신)이 남긴 음식을 나누어 먹는 것)은 영화에서 무동의 어머니가 군인에게 살해당해 돌아가실 때 품었던 감자를 동굴 안의 사람들이 나눠먹는 장면과도 일맥상통한다. 마지막으로 '소지'(燒紙-신위를 태우며 드리는 염원)에 이르러 카메라는 무당이 되어 개개인의 사연을 놓치지 않으며 이름 없이 사라져야 했던 무고한 사람들의 넋을 정성스럽게 위로한다. 65년 만에 그들의 존재를 기억하고 원한을 조금이나마 씻겨 보내려는 노력이다. 지방지를 태우며 다시 한 사람 한 사람 고이 올려 보냄으로써, 비로소 제사의 시간을 마친다. 이처럼 〈지슬〉은 죽은 자에게는 위로가 되고, 아직까지도 아픈 상처로 남아 있는 산 자에게는 치유가 되는 씻김의 영화로서 중간 매개체의 역할을 톡톡히 해낸다. 이로써, 제주 4.3에 대해 몰랐던 관객들은 머리로 이해하기보다 가슴이 먼저 요동치며 비로소 제주 사람들과 같은 마음으로 길고도 깊은 그날의 아픔을 진정으로 받아들이게 된다.

오멸 감독 소개

〈뽕똘〉, 〈어이그 저 귓것〉, 〈이어도〉 까지 오로지 제주의 이야기를 맛깔스럽게 담아냈던 오멸 감독은 입버릇처럼 "내게 제주는 이야깃거리가 가득 담긴 보물창고다"라고 말했다. 이렇듯 감독의 신작인 〈지슬〉 역시 제주이야기이다. 제주에서 나고 자란 이만이 가능한 제주 4.3 이야기로 속 깊은 이야기를 꺼내 놓는다.

영화는 1948년 제주섬사람들이 '해안선 5km 밖 모든 사람들을 폭도로 간주한다"는 미군정 소개령을 듣고 피난길에 오르며 겪었던 혹독한 겨울을 담아낸 작품이다. 허나 그 겨울의 108분은 마냥 춥지만은 않다. 영화는 가장 차가웠던 시절, 눈물 사이에서도 웃음이 오가던 그들의 일상을 시종일관 따뜻한 위로의 시선으로 찬찬히 따라간다. 세상에 한 번도 공개된 적이 없는 제주 4.3의 이야기인 만큼 감독은 〈지슬〉의 개봉을 제주에서 시작하겠다는 이례적

인 결정을 했다. 이는 서울을 중심으로 전국개봉을 해왔던 지금까
지의 관행적인 배급 방식을 생각하면 파격적인 행보가 아닐 수 없
다. 제주 4.3은 아직 그들의 삶 안에 선명히 살아있는 아픔이기에,
마치 위령제를 드리듯 이름 없이 떠나야 했던 원혼들에게 가장 먼
저 영화를 올리고 싶은 마음에서다. 감독의 이러한 진심은 관객들
에게도 영화와 함께 깊은 여운을 안기며 또한 우리가 잘 알지 못했
던 제주 4.3에 대해 다시금 생각할 여지를 남긴다. 따라서 3월 1일
제주에서 먼저 개봉한 〈지슬〉은 3주 후인 3월 21일에 서울 및 전국
관객과의 공식적인 첫만남을 갖는다. 제주 개봉일인 3월 1일은 제
주 4.3의 시발점이 되었던 날짜로, 의미하는 바가 더욱 크다.

감독의 진심에 화답이라도 하듯 〈지슬〉은 제주 개봉 전 이미 예매
로 전회 매진을 기록하며 상영 횟수가 7회에서 11회로 늘어났고, 개
봉 당일 정오가 조금 지난 시간 또한번 전회 매진을 기록하는 폭발
적인 반응을 얻었다. 이른 시간부터 매진이 된 나머지 〈지슬〉 관람을
위해 극장을 찾았다가 되돌아가는 관객들이 많아지자 CGV제주는
급히 밤 시간대에 1회 더 추가해 〈지슬〉만 총 12회 상영하는 특단을
내렸다. 극장 관계자는 당일 CGV제주에서 〈스토커〉, 〈잭 더 자이언
트 킬러〉 등을 제치고 〈지슬〉이 최다 관객을 동원했다고 밝혔다.

더불어 다소 무겁고 어렵게 느껴질 수 있는 주제임에도 불구하
고 남녀노소 할 것 없이 다양한 연령층의 관객들이 〈지슬〉을 관람
하기 위해 찾아와 더욱 눈길을 끈다.

제주 4·3은 1948년 4월 3일부터 1954년 9월 21일까지 남한 만의 단독정부 수립을 의미하는 5.10 총선을 막아내려 했던 제주 민중들의 항쟁과 이에 대한 미군정 당시의 군인과 경찰들, 극우 반공단체들의 유혈진압을 말한다. 제주 4.3의 시발점이 된 1947년 3월 1일부터 사실상 7년 7개월간 이어졌으며, 이로 인해 약 3만 명이 넘는 주민들이 사살당했다. 마을이 통째 불타 사라지기도 했다.

1948년 3.1절 발포사건

1948년 3월 1일, 경찰은 5.10선거를 반대하는 제주도민들에게 발포해 6명이 사망하고 8명이 중상을 입었다. 희생자 대부분은 일반 주민이었다. 미군정당국은 이 발포사건을 정당방위로 주장했고 민심수습을 위해 아무런 조치도 취하지 않았다. 오히려 제주섬 사람들을 '폭도'로 몰았다. 이 사건이 4.3을 촉발하는 도화선이 되었다. 도지사를 비롯한 군정 수뇌부들이 전원 외지사람들로 교체됐고, 주모자에 대한 검거작전을 전개했다. 한 달 만에 500여 명이 체포됐고, '4·3' 발발 직전까지 1년 동안 2,500명이 구금됐다. 테러와 고문이 잇따랐다.

1948년 4.3 무장봉기

1948년 4월 3일 새벽 2시, 350명의 무장대가 제주도 내 24개 경찰지서 가운데 12개 지서를 일제히 공격함으로써 시작된 이 사건은 1947년 3월 1일 경찰 발포사건 이후 1954년 9월 21일 한라산 금족지역이 전면 개방될 때까지 사실상 7년 7개월간 지속되면서 엄청난 유혈사태로 비화되었다. 미군정은 5·10선거를 성공적으로 추진하려고 노력했다. 그러나 5월 10일 실시된 총선거에서 전국 200개 선거구 중 제주도 2개 선거구만이 투표수 과반수 미달로 무효 처리되었다. 남한에 대한민국이 수립되고, 북쪽에 또 다른 정권이 세워짐에 따라 이제 제주도 사태는 단순한 지역문제를 뛰어 넘어 정권의 정통성에 대한 도전으로 인식되었다

1948년 11.17 계엄령 선포

11월 17일 제주도에 계엄령이 선포되었다. 이때부터 중산간 마을을 초토화시킨 대대적인 강경진압작전이 전개되었다. 이와 관련, 미군 정보보고서는 "9연대는 중산간지대에 위치한 마을의 모든 주민들이 명백히 게릴라부대에 도움과 편의를 제공하고 있다는 가정 아래 마을 주민에 대한 '대량학살계획(program of mass slaughter)'을 채택했다"고 적고 있다.

<지슬>의 의미와 출연 배우들

<지슬>은 중의적인 의미로 제주어로 땅의 열매인 '감자'를 뜻하며 전 세계적으로 소울 푸드로 통한다. 특히 <지슬>의 제주 섬 사람들이 춥고 어두운 동굴 속에서 삶을 이어갈 수 있었던 것은 뜨거운 감자, 희망의 끈을 놓지 않았기 때문이었다. 이처럼 영화 속에서 감자는 사연 곳곳에 중요한 삶의 매개체로 드러난다. 순덕이 부모는 감자를 챙기느라 순덕이를 미처 살피지 못했고, 무동이 불편한 다리 때문에 함께 피신하지 못한 어머니를 모시러 다시 마을로 내렸을 때 그를 맞이한 것은 불탄 집과 어머니, 그리고 어머니 품속에 따뜻하게 익은 감자였다. 마지막으로 박상병이 순덕이에게 몰래 감자를 챙겨주려는 장면까지 영화 속 감자는 마치 제주섬을 만

들었다는 설문대 할망 신화처럼 어머니로 상징되는 생명의 힘을 전한다. 뿐만 아니라, 여성의 곡선을 닮은 오름, 물통을 지고 마을을 가로지르는 군인 정길, 돼지를 삶던 큰 가마솥 안에서 결국 폭력의 삶을 마무리 짓게 되는 김상사 등 〈지슬〉의 많은 장면은 알고 보면 제주의 여신에 관한 신화를 바탕으로 묘사되어있다.

〈지슬〉의 제작사 자파리 필름은 극단 자파리의 또 다른 이름이다. 연극과 영화의 경계를 넘나들면서도 항상 같은 이야기를 꿈꾸는 이들은 모두 알고 보면 멀티 엔터테이너들! 현장은 늘 일손이 모자라 스텝과 배우의 구분 없이 돕곤 했는데, 그 덕에 자의 반 타의 반 자파리 필름은 모두 1인 2역이 기본이다. 일단 각자 맡은 일을 하다가 틈틈이 연기도 하고, 소품도 챙기고, 제작 일도 거들고, 사람에 따라선 연출도 도우며 진정한 멀티 테스킹의 모범을 보여준다. 궤짝 속 시체 역이 필요할 땐 연출팀이 즉석 섭외되었고, 군인과 주민 역할의 엑스트라를 모으는 데에 애를 먹을 때마다 여지없이 스텝들이 총 동원되었다. 특히 순덕이를 짝사랑하는 역할로 훌륭한 감정연기를 보여준 배우 성민철은 〈지슬〉의 조감독이기도 하다. 공동체 가족처럼 늘 함께 움직이는 자파리 필름의 끈끈한 애정과 이러한 노력이 아니었으면 〈지슬〉은 세상에 나올 수 없었을지도 모른다.

영화 속 제주의 장소들

곶자왈 & 동백동산

제주도에만 있는 독특한 지형의 숲인 곶자왈은 제주도 방언으로 나무와 덩굴이 마구 엉클어져 자연림을 이루고 있는 곳을 뜻한다. 추사 김정희가 유배 당시 "겨울에도 시들지 않는 나무들과 사랑스러운 단풍의 모습을 보았다."고 전했을 정도로 풍요로운 생명력을 지닌 곳이다. 옛날 제주사람들이 곶자왈에서 나무 땔감을 구했고 제주 4.3 때는 주민들의 피난처가 되기도 했다.

곶자왈에서는 두 번의 구덩이 촬영을 진행했다. 영화 초반 처음으로 마을 청년들이 작은 구덩이에 모두 모여 회의를 하는 장면과 중반부 군인을 피해 모두 구덩이 속에 납작 누워있는 장면이다. 영화 속 주인공들은 무척이나 심각한데 보는 이들에게는 실소를 자아내는 장면으로, 덩치 큰 성인 남자들이 작은 구멍에 꼼짝 못하고 모여있는 모습에 스텝들 모두 웃음을 눌러 참으며 촬영했고, 오멸 감독 마저 이 장면을 핸드폰 사진으로 남겨두었다는 후문이다.

한편 원래 촬영하기로 했던 큰넓궤동굴이 입구가 매우 협소하고 위험해서 고민하던 차에 동백동산 근처에 적당한 동굴을 발견했다. 그러나 새벽 1시가 넘어서까지 진행된 강행군이었다.

누구 하나라도 다칠까 헬멧을 나눠 쓰며 동굴에 들어갔고, 소품인 삶은 감자가 모자라자 이곳 저곳에 부탁해 구해오고, 새벽까지 진행된 촬영에 고단했을 배우들은 힘들다는 내색 한번 없이 막걸리를 나누어 마시고 노래 한 곡씩 부르며 기나긴 대기시간을 버텨냈다. 그리하여 〈지슬〉의 가장 따뜻한 장면이 탄생했다. 서로가 서로에게 박수를 쳐주며 그렇게 새해의 첫 촬영을 마무리 했다.

큰넓궤동굴

〈지슬〉 주요장면의 배경이 되었던 '큰넓궤동굴'은 실제 제주 4.3 당시 주민들이 소개령을 피해 5~60일 동안 몸을 숨겼던 곳이다. 오멸 감독은 두 번째 동굴 촬영에 들어가던 날 이 공간을 좀 더 이해하고자 했고 그리하여 전 스텝들이 동굴에 모여 눈을 감고 동굴의 소리를 들어보는 시간을 가졌다.

동굴촬영은 감독, 배우, 스텝 모두에게 결코 쉬운 일이 아니었다. 특히 큰넓궤동굴 입구는 사람이 엎드린 채 기어가지 않으면 지나갈 수 없을 정도로 좁았고, 칼바위라 불리는 내부를 통과하며 전 스텝의 외투가 모두 찢어지기도 했다. 그 와중에도 장비를 담요로 둘러 보호하고 썰매로 끌어당겨 어렵게 촬영장소까지 운반했다. 그러한 악조건 속에서도 배우들은 몸을 사리지 않았다. 영화 후반부에 동굴 속으로 무차별적으로 총을 쏘아대는 군인들을 주민들이 불을 피워 연기로 내쫓는 장면이 있다. 처음에는 가짜 연기를 피울 계획이었는데 배우들이 손수 나서서 고추를 태웠다. 실제로 65년 전, 고추를 태운 연기로 군인들의 토벌을 피했던 일화가 있다. 어른, 아이 할 것 없이 모두들 기침을 토해내고 눈물범벅이 된 고통의 시간이었지만, 1948년의 주민들과 같은 공간에서 같은 체험을 하며 다른 때보다 더욱 남다른 의미를 느낄 수 있었던 날이었다. 그리고 고생했던 만큼 그날의 장면은 관객들에게 강렬한 인상을 남기며 영화 속 명장면 중 하나로 손꼽히고 있다.

돌문화공원

제주 특유의 돌문화를 집대성한 돌문화공원은 전통적인 주거 환경과 제주만의 아름답고 다채로운 자연의 모습이 담겨 있어 〈지슬〉 대부분의 촬영이 이곳에서 이뤄졌을 정도로 촬영지로 서는 최적의 장소였다. 하지만 산간지역에 위치해 있는 돌문화공원의 추위는 같은 제주라 하더라도 다른 곳들과는 차원이 다른 것이었다. 매일 아침 마치 전장에 나가는 마음으로 바지를 세 겹씩 입고 온 몸을 핫 팩으로 무장한 채 돌문화공원을 향하곤 했다. 게다가 깊은 산골이라 조명이 없으면 암흑 그 자체가 되곤 했다. 아름다움 이면에는 냉혹한 자연이 있었다.

하지만 말로 설명할 수 없는 신비로운 일도 찾아왔다. 카메라를 고정시킨 후 나무가 바람에 흔들리는 인서트컷을 찍었는데 나중에 보니 아무도 건드린 적이 없는 카메라가 혼자 서서히 줌 인을 하고 있었다. 이를 모두들 귀신컷이라 불렀다.

용눈이 오름

오름 역시 제주에서만 볼 수 있는 독특한 지형으로 특히 용눈이 오름은 급격한 경사의 여느 오름과 달리 평탄하고 부드럽다. 368개에 이른다는 제주 오름들 중 유일하게 세 개의 분화구를 함께 가진 특별한 모습을 하고 있다.

〈지슬〉을 촬영한 2011년 12월부터 2012년 2월까지, 그 해의 겨울은 유독 눈이 많이 내렸다. 제주에서 아름답기로 유명한 용눈이 오름 위에도 눈이 하얗게 쌓였고 칼바람이 휘몰아치고 있었다. 몇몇 관광객들이 즐거워하며 사진 찍는 모습을 스쳐 지났다. 이곳에서는 군인 상덕과 순덕이의 긴장감 넘치는 대치 장면을 담아냈다. 순덕 역할의 배우 강희는 연기 경험이 전혀 없어 내색하지는 않았지만 긴장을 많이 한 듯 했다. 게다가 표정연기까지 요하는 장면이었는데 초보답지 않게 "잘했어! 표정 연기되네"라는 오멸 감독의 칭찬까지 받으며 무사히 촬영을 마쳤다. 용눈이 오름에서 상덕이 순덕에게 총을 겨누는 이 장면은 이후 국내, 해외 포스터로도 쓰일 정도로 관객들에게 강렬한 인상을 남겼다.

어머니의 상징, 제주 설문대할망과 오백장군 설화

〈지슬〉은 제주4.3 이전에 제주의 설화로부터 시작했다고 해도 과언이 아닐 정도로 많은 장면에서 여러 가지 설화를 상징적으로 나타내고 있다. 특히 가장 대표적인 것이 '설문대할망'에 관한 이야기이다. 설문대할망은 제주도를 창조하였다고 전해 내려오는 여신이다. 지역에 따라 전해 내려오는 이야기들이 조금씩 다르고 불리는 이름도 제각각이지만 제주도를 대표하는 신화 속 인물이자 우리나라의 대표적인 창조신으로 자리 잡고 있다. 설문대할망에게는 오백 아들들이 있었는데, 하루는 사냥 나간 오백 아들에게 먹을 죽을 끓이다 그만 가마솥에 빠져 죽고 말았다. 죽을 다 먹은 후에야 이 사실을 안 오백 아들들은 슬퍼하다 죽었는데 영실 장군석이 됐는데 그 막내가 현재 차귀도 작은 오백장군으로 널리 알려져 있다.

이 설문대할망 설화에서는 자식들을 위한 어머니의 희생이 가장 먼저 눈에 띈다. 뒤이어 어머니의 생명을 먹고 자란 이들이 제주를 일구었음을 알게 된다. 그렇기에 제주는 어머니의 생명이 묻힌 땅인 것이다. 여기에서 해녀의 삶을 노래하는 '이어도 사나'가 왜 제주 4.3을 다룬 〈지슬〉의 엔딩곡이 되었는지에 대한 의문이 풀린다. '이어도사나'의 해녀, 즉 어머니는 자신의 생명을 자식들에게 전해준 것이나 다름없고, 〈지슬〉의 어머니 또한 자신의 생명과 맞바꾼 감자를 아들에게 남긴다. 두 어머니의 시대는 다르지만 모두 제주의 품으로 돌아갔으며 시대를 반복하며 이 땅의 근원이 되었음을 알 수 있다. 이러한 상징은 〈지슬〉에서 죽은 순덕이의 몸이 제주의 오름과 겹쳐지는 장면에서 잘 드러난다. 또한 설문대할망이 빠져 죽은 '솥'은 영화에서 어머니의 품으로 다시 돌아간다는 의미를 가진 '솥'의 모티브가 되기도 했다.

이처럼 〈지슬〉은 알고 보면 볼수록 더 많은 감정을 불러일으키는 힘을 가졌다. 처음에는 제주 4.3이라는 역사에 대한 호기심으로 시작하지만 점점 제주라는 땅의 역사까지 흘러 들어가게 되는 것이다. 그 안에는 평화의 땅이라는 이름 아래 묻혀있는 제주의 참 모습이 있다. '관광객'이 아니라 '여행자'의 눈으로 제주를 바라봐 달라 말하는 오멸 감독의 마음은 이렇게나 한없이 깊게 〈지슬〉이란 영화의 모든 순간마다 녹아 들어있다.

#7

공장의 불빛과 죽음의 그림자

•• 아름다운 청년 전태일 ••

(박광수감독, 1995)

　김영수는 법대를 졸업했지만 지금은 경찰의 수배를 피해 숨어있는 처지. 때는 긴급조치 등 공포정치의 절정기였던 1975년, 김영수는 조그만 골방에 쳐 박혀서 자신의 뇌뢰와 가슴 속으로 순간순간 뛰어드는 젊은 남자의 실체를 잡기위해 애를 쓴다. 그 남자의 이름은 전태일. 4년 전 "죽음을 헛되게 하지 말라!" 외치며 스스로를 태워버린 평화시장의 한 노동자. 사망 당시의 나이 겨우 22살. 그의 죽음은 김영수를 비롯한 학생운동을 하던 지식인들에게 큰 충격을 주었으며 사회각계에 큰 파장을 일으켰지만 아직은 제대로 정리되지 못한 상태이다. 처음에 김영수에게 전태일은 다만 희미한 윤곽에 존재할 뿐이다. 첫 번째 이미지는 통금 사이렌에 쫓겨 필사적으로 달려 가는 모습이다. 점심을 굶는 어린 여공들에게 버스비를 털어 풀빵을 사주곤 야간작업이 끝난 늦은 시간에 늘 통행금지를 쫓기며 집까지 뛰어야했던 전태일. 가난한 집에서 태어나 학교를 제대로 다니지도 못했지만 늘 공부를 목말라했고 아버지로부터 근로기준법이란 책이 있다는 사실을 알고난 뒤부터 법을 아는 대학생 친구가 있었으면 소원이 없겠다던 순박한 노동자. 그의 삶을 파고들수록 김영수는 전태일에게 집착하게 되고 자신이 처한 현실을 전태일에게 오버랩시키게 되며, 그 작업은 암울한 시대상황에서 김영수가 할 수 있는 유일한 희망의 비상구가 된다. 그러나 전태일의 삶이 역사와 가까워질수록 결단을 요구받았던 것처럼 김영수의 개인적인 삶도 자기희생의 통과제의를 거쳐야만 한다. 김영수에겐 '사랑의 실천'과 '실천의 사랑'을 저울질하는 정순이라는 애인이 있고, 그녀는 공장에 다니면서 현재 영수를 먹여 살리는 입장이기도 하다. 야학에서 사제지간으로 만난 정순은 영수를 통해 새로운 눈을 뜨게 되었으며 임신한 몸으로도 현실의 난관을 헤쳐나간다. 그러나 김영수에게 다가오던 공권력은 그가 도피해버림으로써 정순에게로 향하게 되고 자신의 고통을 대신 치루는 그녀 때문에 영수는 갈등이 깊어진다. 극장 보일러실에 숨어 있게 된 영수는 각성의 과정을 거쳐 결단의 순간으로 가고 있는 전태일의 정신적 고뇌와 치열하게 맞서며 자기 자신에 대한 해답을 구하고자 한다. 시대 상황은 점점 나빠진다. 월남이 패망한 것과 동시에 긴급조치 9호가 발표된다. 김영수의 행동반경도 제약을 받게 된다. 그러던 어느 날, 보일러실로 정순이 찾아오고 경찰의 미행을 눈치 챈 그는 원고보따리를 챙겨들고 쫓고 쫓기는 긴박한 추격전 끝에 마침내 경찰을 따돌린다. 그리고 시간이 흐른 후, 시외버스를 타고 아직도 기약없이 어디론가 도피를 하고 있는 김영수와 정순이 있다. 그러나 이번엔 두 사람만이 아니다. 만삭인 정순의 배 위에 완성된 전태일의 전기가 놓여 있다. 영수는 잠든 아내의 배에 귀를 대본다. 탄생을 예고하는 새로운 생명의 힘찬 숨소리가 들린다. 영수의 귀에는 그것이 분신하던 날에 전태일의 가슴을 울리던 심장의 박동소리로 바뀐다. 불꽃에 휩싸이는 육신의 죽음위로 겹쳐지는 생명의 숨소리를 들으면서.

영화 속 전태일의 생애와 장소들

〈아름다운 청년 전태일〉은 영화는 대한민국 노동 운동사의 상징인 청년 전태일의 삶을 다룬 최초의 극영화로 박광수 감독이 연출했고 전태일 25주기가 되던 때인 1995년 11월 13일에 개봉했다.

영화는 역사적으로나 영화사적으로 중요한 위치를 차지한다. 당시에는 생소한 방식인 일반 투자자들의 모금을 통해 만들어졌다는 점에서 특별한 의미를 지닌다. 투자자를 만나지 못해 무산될 뻔했던 영화가 7천여 명의 시민 투자자들의 참여로 어렵게 탄생한 것이다. 이러한 국민의 열망에 힘입어 개봉 당시에 서울 관객 25만 명을 불러모았고, 1995년 한 해 동안 전체 흥행 7위를 기록했다. 영화적 완성도를 넘어 존재만으로도 뜨거웠던 작품이라고 할 수 있다. 이듬해인 1996년에는 베를린영화제에 초청되면서 국제적으로 주목을 받기도 했다. 이 영화에서 발견한 또 하나 특별한 점은, 지금으로 보면 한국영화 드림팀이라고 할 수 있는 유명 인사들이 총출동했다는 점이다. 당시 연출부에는 〈8월의 크리스마스〉를 만든 허진호 감독과 〈나도 아내가 있었으면 좋겠다〉의 박흥식 감독이 참여했고, 〈밀양〉의 이창동 감독이 각본을 맡았다. 전태일 열사로 분해 열연한 배우 홍경인은 이 영화로 일약 스타덤에 올랐다.

전태일과 바보회

2020년은 전태일이 세상을 떠난 지 50년이 되는 해다. 1948년생 전태일은 스물 두 살이던 1970년 11월 13일, 청계천 평화시장에서 "우리는 기계가 아니"라며 전태일은 자신의 몸을 던졌다. 평화시장 재단사로 일하던 열여덟 살부터 그는 매일 일기를 썼다. 그의 일기는 공책 7권 분량인데, 그 안에는 노동 현실의 참상, 그리고 그 모순을 해결하고 싶어한 청년의 몸부림이 담겨있다.

> "재단사 모임을 시작하면서 그는
>
> 나이가 든 선배 재단사들을 찾아다니며 협조를 청하였는데,
>
> 그들은 한결같이 "그건 이루어질 수 없는 일이다.
>
> 뭘 안다고 너희가 그런 엄청난 일을 벌이려 하느냐?"고 막으면서 노동운
>
> 동을 하겠다고 설치는 놈은 '바보'라고 하더라는 것이었다. 그렇다면 좋다.
>
> 우리가 한번 바보답게 되든 안 되든
>
> 들이박아나 보고 죽자. 이것이 그의 제안의 내용이었다."
>
> — 〈전태일 평전〉, 「3부 바보회의 조직」 중에서

전태일의 동료들은 그를 만나 세상이 바뀌었다고 말한다. 법으로 노동시간이 정해져 있고, 최소한의 인간적인 보장을 받아야

한다는 당연한 사실도 모르고 살았다. 어린 노동자들은 제대로 쉬지도 못하고 열악한 환경에서 버티며 살았다. 전태일은 자기보다 어린 시다들이 점심을 못 먹고 일하면 자기 차비를 털어 풀빵을 사주던 사람이었다. 당시 소녀 견습공인 시다들은 아침 8시부터 밤 11시까지 재봉틀을 돌렸다. 창문없는 다락에서 일하고 받는 하루 일당은 70원이었다.

당시에도 근로기준법이 있었다. 일주일에 최대 60시간만 일하고 1회 이상 유급휴일이 보장되어야 한다는 내용이었지만, 지키는 곳은 없었다. 전태일은 근로기준법을 불태웠고, 나중에는 자기의 목숨까지 태웠다. 전태일 열사를 기억하는 열쇳말은 '약자에 대한 사랑'이었다. 당시 공장장과 사장들은 "어느 깡패가 일하기 싫어 자살했다"는 소문을 퍼뜨렸지만, 노동자들은 분연히 떨치고 일어섰다. 2주 뒤 결성된 청계피복노조에는 9천명의 조합원이 밀려들어 왔다고 한다. 79년에는 YH 여성 노동자들이, 87년에는 노동자 대투쟁이 일어났고 뒤이어 노동조합들이 들어섰다.

문재인 대통령은 12일 고 전태일 열사에게 국민훈장 무궁화장을 추서했다. 국민훈장 중 1등급에 해당하는 무궁화장이 노동계 인사에게 추서된 건 처음이다.

전태일의 어머니, 故이소선여사

1970년 11월 13일 오후 1시 아들 전태일이 평화시장 앞 거리에서 "근로기준법을 준수하라", "우리는 기계가 아니다", "일요일엔 쉬게 하라"와 같은 구호를 외치며 분신하였다. 이소선은 구역 예배를 돌고 있다 동네 주민이 건네준 라디오에서 나오는 뉴스를 듣고 이 사실을 알았다. 전태일은 메디컬 병원에서 성모병원으로 옮겨졌고 이미 가망이 없었다. 전태일은 달려온 친구들과 어머니에게 자신이 못다 한 일을 이루어 달라고 부탁하였다. 전태일은 이소선에게 거듭 어떤 유혹에도 굴하지 말고 자신의 부탁을 들어 달라 간청하였고 이소선은 "내 몸이 가루가 되어도 니가 원하는 거 끝까지 할 거다!"라고 크게 대답하였다. 그날 오후 10시 전태일은 "배가 고프다"는 말을 남기고 사망하였다.

이소선은 노동운동을 시작한 후 노동교실을 열고 노동자를 교육하고 동시에 유신정권에 저항하는 민주화 운동도 함께 하였다. 청계피복노조는 1972년에는 새마을노동교실을 열었고 1975년에는 노동시간 단축투쟁을 벌였으며 1980년 전두환 정권이 강제 해산 시켰지만 법외 노조로서 버텼다. 1985년 대우어페럴 노조에서 시작된 구로동맹파업에도 적극 참여하였고, 1986년에는 대통령 직선제를 요구하는 민주화 운동에 앞장섰다. 청계피복노조는 1988년 다시 합법화 되었다. 이소선은 또한 민주화 운동에도 적극 참여하였다. 1975년 박정희 정권이 인혁당 사건을 조작하고 관련자들을 서둘러 사형시킨 뒤 화장시키려 하자 그 앞을 막아선 사람도 이소선이었다. 이소선은 헌 옷을 팔아 생계를 꾸리면서도 노동운동가나 민주화 운동가가 수배를 당하면 그를 숨겨주고 먹이고 재웠다. 수 많은 민주화 운동 활동가들이 이소선의 도움을 받았으며 그로인해 훗날 대통령이 된 김대중에서부터 평화시장의 어린 시다까지 이소선을 어머니라 불렀다. 전태일의 장례를 도왔던 장기표가 수배 받아 장독대에 숨겼고 조영래를 숨겨줄 때에는 주변으로부터 다 늙어 서방질을 한다는 오해까지 받았다. 이소선의 판잣집을 거쳐간 사람들은 훗날 대통령이며 장관이 되기도 했지만 이소선은 늘 현재의 노동자 편에 서고자 했다. 또한 1986년에는 민주화유가족협의회를 결성하고 초대 회장을 역임하였다.

이소선은 노동운동가들이 《전태일평전》을 읽고 그 길에 뛰어들었다는 말을 하면 무척이나 마음 아파했다. 이후로도 계속되는 노동자의 분신과 자살이 있을 때 마다 마치 자신이 죄가 있어 그런 것이라 생각했다. 그래서 어디를 가서 이야기를 하던 제발 살아서 싸워라 살아서 싸우고 살아서 바꾸라고 이야기 했다. 1986년 신흥정밀 노동자 박영진이 분신했다는 소식이 전해지자 이소선은 병원으로 달려갔다. 중환자실을 막고선 형사들에게 내 아들이라고 소리치며 들어가 손을 잡고 "죽지 말고 살아서 싸워야지 왜 그랬냐"고 하여 주위의 사람들을 숙연케 하였다.

이소선은 노동운동과 민주화 운동 과정에서 희생된 수많은 사람들의 장례위원을 지내기도 하였다. 2003년 두산중공업의 노동자 배달호가 분신 사망하였을 때에도 장례위원을 지냈고, 노무현 전 대통령의 장례에도 장례위원을 지냈다. 이소선은 원진레이온 사태 때부터 노무현과 인연을 맺었고, 이석규 장례투쟁에서는 함께 장례위원을 지내기도 하였다.

이소선은 노동운동과 민주화 운동 과정에서 스스로도 체포 구금 실형 등을 받으며 많은 고초를 겪었다. 함께 활동한 아들 전태삼과 이소선이 모두 감옥에 들어가면 며느리 윤매실이 가족을 돌봐야 하였다. 이소선은 자신 보다 아들의 형이 더 크게 나오면 상심하기도 하였지만 기독교에 대한 신앙은 그를 붙잡아 두는 힘이 되었다.

전태일의 사망 후 경찰과 노동청 등 관계 당국은 서둘러 장례를 치를 것을 요구하며 회유하였다. 그러나 이소선은 아들이 요구한 사항을 받아들이지 않으면 장례를 치를 수 없다고 버텼다. 갖은 협박과 회유를 거부하고 기어코 요구 사항을 실현하겠다는 약속을 받고 노동조합 사무실을 준비하는 것을 확인하고서야 장례를 치렀다.

아들 전태일의 죽음 후 이소선은 아들의 뜻을 실현하기 위해 헌신하였다. 11월 18일 장례를 치르고 11월 27일 전국연합노조 청계피복지부를 결성하였다. 청계피복노조는 1998년 서울 의류노동조합과 합쳐져 해산할 때까지 대한민국 노동운동의 상징이었다.

이소선은 80세의 고령에도 계속하여 부르는 곳이면 마다 않고 참석하였다. 그러나 부른 사람들의 귀에 듣기 좋은 소리만을 하지는 않았다. 2006년 11월 전국노동자대회에서 전태일노동상의 시상을 마치고 내려가다 다시 마이크를 붙잡고 "입으로만 노동자는 하나라고 외치면 뭐 하냐. 가장 밑바닥에서 소외받고 고통당하는 비정규직을 나 몰라라 해서 어찌 민주노총이라 할 수 있냐 …… 손잡고 싸우지 않으면 얼마 못 가 정규직도 비정규직 신세가 될 것"이라고 소리쳤고 늘 노동자의 하나된 단결을 강조했다. 2009년 전태일 39주기 추모식에 민주노총과 한국노총이 함께 플래카드에 이름을 올리자 이제 되었다며 무척

기뻐하였다. 1997년 외환위기 이후 이소선은 늘 일자리 나누기와 노동시간 단축으로 위기를 고용문제를 극복하자고 주장하였다.

이소선은 2011년 7월 18일 심장마비로 입원하였다. 바로 그때까지도 이소선은 김진숙의 고공농성을 지지하기 위한 희망버스를 타고 창원으로 내려가려고 하였다. 그해 1월에는 김진숙에게 보내는 영상 편지를 통해 살아서 싸워야지 죽으면 안된다고 당부하기도 하였다. 2011년 9월 3일 이소선은 결국 회복되지 못하고 별세하였다. 장례는 9월 7일 유가족과 노동계를 비롯한 많은 시민이 함께 하는 가운데 민주사회장으로 치러졌으며 마석 모란공원에 있는 전태일 묘소의 뒷편에 묻혔다. 이소선의 민주사회장에는 민주노총과 한국노총 모두가 장례위원으로 참여하였다.

전태일 기념관 소개

서울 동대문 평화시장 앞 버들다리 위에는 전태일 동상이 있다. 그래서 버들다리는 '전태일 다리'라는 이름도 얻었다. 동상 주변 보도에는 열사의 뜻을 기리는 시민들이 새겨넣은 동판이 빼곡하다. 2005년 35주기에 동상과 동판이 설치된 뒤 수많은 전태일이 이곳에서 마이크를 잡았다. 오토바이와 사람 소리로 분주한 평화시장 초입. 둥그런 동판이 전태일이 분신한 장소임을 알린다. "1970. 11. 13 평화시장 재단사 전태일, 여기서 근로기준법 준수를 외치다" 전태일의 삶을 기억하는 방법은 멀리 있지 않다.

전태일 다리에서 1.5㎞ 떨어진 청계천 수표교 인근에는 6층짜리 전태일기념관이 있다. 노동절을 하루 앞둔 지난해 4월 30일 문을 열었다. 입구 외벽에 새겨진 글은 질문을 던지며 시작한다. "오늘날 여러분께서 안정된 기반 위에서 경제 번영을 이룬 것은 과연 어떤 층의 공로가 가장 컸다고 생각하십니까?" 1969년 12월 전태일이 근로감독관에게 보낸 진정서다. 그의 삶을 담아놓은 전시장, 노동권익센터, 노동단체 네트워크 공간인 노동허브 등이 기념관을 이룬다.

상설전시장은 전태일의 생애와 허리조차 펴기 힘든, 좁고 어두운 다락 작업장을 재현했다. 1960~1970년대 평화시장의 어린 여공들은 하루 15시간 넘게 쭈그리고 앉아 '미싱'을 돌렸다. 전태일은 버스비를 털어 배곯는 여공들에게 풀빵을 사주고, 2시간 넘게 쌍문동의 집으로 걸어가곤 했다. 그 시절 노동문제에 눈을 뜨고 행동하며 남긴 글과 유품, 전태일 사후 어머니 이소선 여사와 동료들의 투쟁 기록들이 전시장을 채우고 있다. 기획 전시장에서는 내년 8월 15일까지 〈청계, 내 청춘, 나의 봄〉 전시가 열린다. 전태일의 분신 이후 이소선 여사, 친구들, 여성노동자들이 그의 뜻을 이어 결성한 청계피복노동조합의 활동을 엿볼 수 있다. 기념관은 매주 월요일 휴관이다. 현재 코로나19로 홈페이지에서 예약해야 관람할 수 있다.

전태일은 공책 7권 분량의 일기를 남겼다. 일기는 고 조영래 변호사가 쓴 〈전태일평전〉의 밑바탕이 됐다. 2020년 〈전태일평전〉 50주기 개정판이 나왔다. 본문은 2009년의 세 번째 개정판을 따랐다. 전태일의 일기와 수기를 인용한 부분에는 색을 입혔고, 요즘에는 잘 쓰지 않는 말이나 젊은 세대에게 생소한 사건에는 주를 달았다.

"인간은 밥 없이는 살 수 없지만, 그 만고의 진리가 인간더러

밥의 노예가 되라고 가르치지는 않는다.

만 스물두 살 젊은 육신에 불을 댕기며, 전태일이 이루려 했던 것.

그것은 바로 인간의 나라였다. 전태일의 외침에 귀를 기울여야 하는 까닭이다."

전태일 기념관 주소

서울 종로구 청계천로 105

내를 건너 숲으로 도서관

서울특별시 은평구 증산로 17길 50

전태일 50주기 공동 출판 프로젝트, "너는 나다"

'2020년 아름다운 청년 전태일 50주기'를 맞아 갈마바람, 나름북스, 리얼부커스, 보리, 북치는소년, 비글스쿨, 산지니, 아이들은자연이다, 철수와영희, 학교도서관저널, 한티재(가나다

순) 모두 열한 개 출판사가 뜻을 모아 우리 시대 전태일을 응원하는 열한 권의 책을 만들었다.

열한 개 출판사가 함께 책을 펴내는 이 공동 출판은 공익적 목적으로 출판사들이 연대해 독자들과 함께 교감하려는 시도이다. 공동출판 시리즈들은 우리 사회 노동자들의 삶과 투쟁, 기본소득, 중국 여성 노동자의 삶, 노동인권교육, 곤충과 자연, 한국 진보정치사, 노동 인문학, 노동 소설, 『전태일 평전』 독후감, 전태일 만화 같은 다양한 주제와 내용으로 구성되었으며 〈전태일 50주기 공동 출판 프로젝트–너는 나다〉라는 하나의 시리즈로 묶여 독자들을 만나게 된다.

열한 개 출판사는 이 책들의 출판을 준비하면서 2020년 2월 19일 전태일재단과 연대 협약을 맺고 전태일 정신을 계승하고 알리는 데 서로 연대하기로 했으며, 도서마다 인세 1%를 전태일재단에 기부하기로 했다.

이 책들은 2018년 11월부터 출판사들이 전태일 50주기 공동 출판의 뜻을 모아 1년 6개월 동안 준비한 끝에 출간되었다.

도서 열한 권의 주요 내용(시리즈 순서별)

1. 희정 글, 〈여기, 우리, 함께〉, 갈마바람

2. 다비드 카사사스 글, 구유옮김, 〈무조건 기본소득〉, 리얼부커스

3. 뤼투 글, 고재원·고윤실 옮김, 〈우리들은 정당하다〉, 나름북스

4. 조영권 글, 방윤희 그림, 〈작은 너의 힘〉, 비글스쿨

5. 유동우 글, 〈어느 돌멩이의 외침〉, 철수와영희

6. 양설·최혜연·김현진·장윤호·주예진 글, 〈노동인권수업을
   시작합니다〉, 학교도서관저널

7. 이창우 글·그림, 〈전태일에서 노회찬까지〉, 산지니

8. 강성규 글, 〈태일과 함께 그늘을 걷다〉, 한티재

9. 김인철·김주욱·이종하·최경주·최용탁·홍명진 글, 〈JTI
   팬덤 클럽〉(전태일 문학상 수상자 창작 소설집), 북치는소년

10. 노정임 글, 김진혁그림, 〈읽는 순서〉(편집자가 쓴 〈전태일
    평전〉 독후감), 아이들은자연이다

11. 이종철 만화, 〈스물셋〉, 보리

•• 위로공단 ••

(임흥순감독, 2014)

　〈위로공단〉은 금천예술공장 레지던스에 약 2년간 머물던 임흥순 감독이 옛 구로공단 지역을 둘러보던 중 '그 많던 구로공단의 여공들은 다 어디로 갔을까?'라는 질문을 떠올린 데서부터 출발한다. 이러한 궁금증과 더불어 40년이 넘게 봉제공장 '시다' 생활을 했던 어머니와 백화점 의류매장과 냉동식품 매장에서 일용직으로 일해온 여동생, 보험설계사인 형수의 삶으로부터 영감을 받은 임흥순 감독은, 구로공단에서 실제로 일했던 여성 노동자들과 첫 인터뷰를 한 후 본격적으로 〈위로공단〉을 기획, 3년여의 긴 시간 동안 다양한 직군에 종사하는 일하는 사람들과 인터뷰를 진행했다. 공장 등 촬영 환경이 녹록지 않은 상황에서도 제작진은 현존하는 촬영 카메라 중 가장 뛰어난 성능을 자랑한다는 레드 에픽 카메라부터 스마트폰 카메라 등 다양한 촬영 장비들을 동원하며 작품의 완성도를 높이는데 주력했다.

　〈위로공단〉에는 임흥순 감독의 어머니를 비롯해 여성 노동자 21명, 역사의 현장을 직접 카메라에 담은 사진사 1명이 등장해 솔직한 이야기를 들려준다. 제작진은 노동자들뿐만 아니라 노동 인권단체 관계자, 사회 활동가, 심리학자, 여성학자 등 65명을 만나 인터뷰를 진행했는데, 이 중 직접 경험한 현장의 생생한 이야기들을 들려준 22명의 이야기들만이 영화 속에 담겨있다. 이들의 이야기 속엔 1978년 동일방직 회사 측이 노동조합의 대의원 선거를 방해하기 위해 여공들에게 똥물을 끼얹은 동일방직 오물투척 사건, 1979년 생존권 보장을 요구하며 농성하던 여성 노동자 중 한 명이 강제 진압 과정에서 사망한 YH무역 사건, 2005년 7월 비정규직 노동자 해고로 촉발된 기륭전자 사태 등 우리 현대사의 아픈 기록들이 담겨 있다. 여기에 감정노동이라는 이름으로 여전히 고달픈 삶을 이어가고 있는 마트 점원, 콜센터 상담원, 승무원 등 오늘날의 직장인들까지 40여 년을 아우르는 그들의 이야기는, 세월의 변화에도 불구하고 일하는 사람들의 내면의 풍경이 여전히 닮아있음을 보여준다.

수상기록과 임흥순 감독 소개

세계 최대의 미술 축제인 베니스 비엔날레 미술전에서 한국 영화 최초로 본 전시에 영화 전편이 그대로 상영된 데 이어 한국 작가 최초로 은사자상을 수상하는 쾌거를 올린 미술가 겸 영화감독 임흥순의 〈위로공단〉은 생존을 위해, 가족을 위해 그리고 저마다의 꿈과 행복을 위해 일해 온 사람들의 눈물, 분노, 감동의 이야기를 생생한 인터뷰와 감각적인 영상으로 풀어낸 휴먼 아트 다큐멘터리다. 〈위로공단〉은 〈노예 12년〉을 만든 스티브 맥퀸, 세계적으로 인정받는 아티스트이자 영화감독인 아이작 줄리앙, 페미니즘 영화의 숨은 거장인 샹탈 애커만 등 전 세계 53개국 작가 136명과 영예로운 경합을 펼친 끝에 베니스 비엔날레 은사자상을 수상하는 쾌거를 달성했다.

한국 영화 사상 최초이자 한국 미술 사상 최초의 이례적인 기록이라는 독보적인 행보를 입증이라도 하듯, 〈위로공단〉은 지난 6월 개막한 제18회 상하이국제영화제에 초청되는 쾌거를 달성하며 또 한 번 이목을 집중시켰다. 93년 중국에서 최초로 출범한 국제 영화제이자 국제 영화 제작자 연맹(FIAPF)의 공인을 받은 중국 대표 영화제인 상하이국제영화제에 초청된 〈위로공단〉은 한국 다큐멘터리 영화로는 최초로 상하이국제영화제 공식경쟁 부문인 '골든 고블렛 어워드'에 진출, 다큐멘터리 경쟁 부문에서 레오나르도 디카프리오가 제작자로 참여한 자연 다큐멘터리 〈비룽가(Virunga)〉 등 4개 작품들과 함께 열띤 경합을 펼쳤다. 또한, 제39회 몬트리올국제영화제 다큐멘터리 오브 더 월드 부문 초청, 제40회 서울독립영화제 심사위원 특별언급, 제19회 부산국제영화제 와이드앵글 부문에 초청된 데 이어 제3회 무주산골영화제 한국영화경쟁 부문 '창' 섹션에서 '무주관객상'을 거머쥐며 "여성 노동자들의 과거와 현재, 그리고 그들의 내면을 아우르는 정서를 감각적으로 느낄 수 있는 신선한 작품"이라는 호평을 이끌어내며 세계 영화계와 미술계는 물론 국내에서도 그 뛰어난 위상과 가치를 입증했다.

　베니스 비엔날레에서 한국 최초로 은사자상을 수상하며 전 세계의 주목을 받았지만 임흥순 감독은 사실, 그 이전부터 꾸준하게 변방에서 삶의 예술을 실천해온 예술가이다. 그는 노동자로 살아 온 가족에 관한 이야기를 시작으로 점점 더 소외되어가는 노동자 계층과 지역, 여성, 공동체 문제에 관심을 두고 다큐멘터리 영화와 공공미술, 전시장과 극장 그리고 생활현장을 오가며 다양한 형태의 작업물을 만들어 왔다. 〈위로공단〉 이전에는 가난의 이념을 독특한 형식적 스타일로 구현해 낸 〈내 사랑 지하〉(2000), 한진중공업 노동자들에게 헌정한 〈긴 이별〉(2011) 등의 단편 작업을 비롯, 과거 제주 4 3과 오늘날의 강정마을 이슈를 현대 미술로 재현해 낸 다큐멘터리 〈비념〉(2012) 등을 연출했다. 이처럼 그의 작품들은 개인의 역사로부터 시작해 사회 문제를 들여다 보며 한국 현대사의 굴곡과 아이러니를 깊이 있게 성찰해왔다. 사회적 약자에 대한 지속적인 관심으로 꾸준히 자신만의 길을 걸어온 변방의 아티스트 임흥순 감독이 〈위로공단〉을 통해 세계 속에 자신의 이름을 알리며 주류 사회를 뒤흔들었다는 점은 미술계와 영화계 모두 화제를 불러 일으키고 있다.

삶과 일터에서 신념을 가지고 살아온 수많은 이들에게 바치는 임흥순 감독의 헌사의 영화 〈위로공단〉은 베니스 비엔날레 수상으로 입증된 뛰어난 미학적 성취를 보여줄 것은 물론, 꿈과 행복을 위해 열심히 일해온 모두의 삶을 어루만지는 임흥순 감독의 따뜻한 메시지로 관객들에게 묵직한 여운을 선사한다.

동일방직 노동자 투쟁

동일방직 인천공장은 전체 1,300명의 노동자 중 1천 명 이상이 여성인 사업장으로서 이미 1946년에 노조가 결성되었으나 이렇다 할 활동을 하지 않다가, 72년 한국 최초로 여성 지부장 주길자를 선출한 이래 도시산업선교회 등의 지원을 받으면서 활발한 노조활동을 진행해왔다. 76년 7월 23일 노조지부장 이영숙이 경찰에 연행된 틈을 타 회사 측의 사주를 받은 고두영이 회사 측 방침에 순응하는 대의원 24명만을 모아 대의원대회를 열고 자신을 지부장으로 선출케하는 사태가 발생하자, 수백 명의 여성 조합원들은 즉각 농성에 돌입, 회사 측의 처사에 항의했다. 농성조합원을 해산시키기 위해 경찰이 투입되자, 70여 명의 조합원들은 작업복을 벗어던지고 알몸으로 저항했으나 경찰은 곤봉과 주먹을 휘두르며 이들을 무차별 연행, 40여 명이 기절하고 14명이 부상하는 등 현장은 삽시간에 아비규환으로 변했다. 한편 '동일방직분규 수습대책회의'의 합의사항에 따라 이총각을 지부장으로 하여 새롭게 구성된 집행부는 78년 2월 21일을 대의원 선거일로 공고하고 준비 중이었는데, 선거 당일 회사 측에 매수된 남성노동자 4명이 투표장을 기습, 부근에 있던 여성 노동자들에게 똥물을 끼었으며 노조 사무실을 습격, 조합

원들을 집단 폭행했다. 그러나 경찰은 이를 방조하고, 전국섬유
노조는 3월 6일 동일방직노조를 사고지부로 처리, 이총각 지부
장 및 총무부장 등 4명을 제명했으며, 회사 측은 124명의 조합
원을 무더기 해고시켰다.

YH무역 농성사건

1979년 8월 9일부터 11일까지 서울특별시 중랑구 면목동에 있
던 YH무역 노동자 200여 명이 회사 측의 부당한 폐업 공고에
반대해 마포구 신민당사에서 회사 운영의 정상화와 노동자들
의 생존권 요구를 주장하며 벌인 농성 투쟁 사건을 말한다. YH
무역은 1966년 자본금 100만원, 종업원 10명으로 설립한 작
은 가발 제조업체였으나, 가발 경기의 호황과 정부의 수출 지원
책에 힘입어 1970년대 초 종업원이 최대 4,000여 명에 이르는
대기업으로 성장했다. 이후 창립자인 장용호는 미국에서 백화
점 사업체를 설립해 외화를 빼돌리고 은행 빚을 얻어 무리하게
사업을 확장했으나, 1978년 제2차 석유파동 이후 가발산업의
후퇴와 수출 감소 등으로 인해 회사 운영이 어려워지자 노동자
를 500여 명으로 줄이고, 이듬해 4월 폐업을 선언했다. 이에 따
라 노동자들은 폐업 철회와 임금 청산, 고용 승계를 위한 농성

을 시작했고, 해결의 실마리가 보이지 않자 급기야 신민당 당사에서 농성을 시작하였다. 이 과정에서 1,000여 명의 경찰이 신민당사에 난입해 폭력을 휘두르며 노동자들을 강제 연행했고, 취재하던 기자 및 신민당 소속 국회의원·당원들에게도 폭력을 행사했다. 이로 인해 노조 집행위원장인 김경숙이 사망했고, 경찰을 제지하던 172명의 여성 근로자와 신민당 당원 26명이 강제 연행되었다.

구로동맹파업

대우어패럴 노동조합 김준용 위원장의 구속으로 시작, 노조 탄압에 연대투쟁으로 맞선 구로지역 민주노조들의 동맹파업으로, 한국전쟁 이후 대한민국에서 일어난 최초의 동맹파업이자 이후 대한민국 노동운동에 많은 영향을 주었다. 1985년 6월 22일 구로 지역의 중심 노조였던 대우어패럴 김준용 위원장에 대한 정부의 구속조치가 파업의 발단이 되었다. 6월 24일 대우어패럴 노조가 파업에 돌입하는 것을 신호로 효성물산·가리봉전자·선일섬유가 즉각 파업에 돌입했고, 25일에는 남성전기·롬코리아가, 28일에는 부흥사 노조가 동맹파업에 가담함으로써 참여 노조 숫자는 총 10개, 노조원은 약 2천 5백여 명에 달했

다. 또한, 동맹파업을 지지하는 노동자·학생·재야단체가 가리
봉 5거리에서 가두사위를 벌였고, 농성해산 당일에는 10여 명
의 학생들이 지붕을 넘어 대우어패럴 농성장에 합류하기도 했
다. 하지만 노조들은 모두 강제해산 당했고, 마지막까지 농성을
벌이던 대우어패럴마저 농성장 벽을 뚫고 진입한 회사 측의 보
복조치로 해산, 천여 명에 달하는 노조간부와 핵심조합원들이
해고되는 등 구로동맹파업은 많은 피해를 내고 끝났다.

기륭전자 사태

기륭전자 사태는 2005년 7월 파견 비정규직 노동자들이 노조를 결성한 뒤 이어진 비정규직 해고사태로부터 시작됐다. 2005년 기륭전자에 노동조합이 설립됐을 때, 생산직 노동자 300여 명 중 정규직은 단 15명 뿐이었다. 특히 파견직 노동자들은 기본급이 법정 최저임금보다 10원 많은 641,840원으로, 잔업 100시간을 일해야 100만원의 임금을 손에 쥘 수 있는 최악의 수준이었다. 노조는 이에 대응해 점거농성과 파업을 벌였고 그 해 10월 기륭전자는 노동부로부터 불법파견 판정을 받았으나, 오히려 생산라인을 도급으로 전환하고 80여 명을 해고하는 것으로 대응했다. 이에 노조가 삭발, 단식, 고공농성 등을 벌이며 정규직화 투쟁을 지속하면서 1,900여일동안 수십 차례의 교섭과 결렬을 반복해 왔다.

캄보디아 유혈사태

캄보디아 의류 노동자들은 월 9만원이 되지 않는 최저 임금으로는 도저히 살 수 없다며 최저임금을 월 15만원 이상으로 인상해줄 것을 2013년 내내 요구해왔다. 캄보디아 정부가 주도한 노동자문위원회의 실태조사반도 월 15만원 이상으로 임금인상을 권고한 바 있다. 그럼에도 불구하고 캄보디아 수출의 80%를 차지하는 의류산업 업체를 의식한 캄보디아 정부가 월 11만원 수준으로만 인상하겠다고 발표하자, 캄보디아 노동조합은 총파업을 감행했다. 노동자들의 총파업으로 생산에 차질을 빚자 한국, 일본, 중국 업체들은 자국 대사관을 통해 캄보디아 정부에 사태 해결(강경진압)을 촉구하였다. 특히 한국 대사관은 캄보디아 당국에 서한을 보내 한국 업체에 대한 보호조치를 취해줄 것을 요구하였다. 이후 2014년 1월 2일, 노동자들이 한국 의류업체 약진통상 앞을 행진할 때 캄보디아 정예 특수부대가 노동자들을 습격했다. 무차별 구타와 폭행이 벌어졌고 이 과정에서 5명의 승려를 포함한 10명이 연행되었다. 폭력 진압이 자행된 다음 날인 1월 3일, 캄보디아 헌병대 및 경찰은 노동자들에게 실탄을 발사했고, 이 총격으로 5명이 사망하고 수십 명이 부상당했다. 이틀에 걸친 진압으로 체포된 23명의 노동자와 승려, 활동가들은 지금까지 어디에 구금되었는지조차 알려지지 않고 있다.

#8

사랑도 명예도 이름도 남김없이

•• 택시운전사 ••

(장훈감독, 2017)

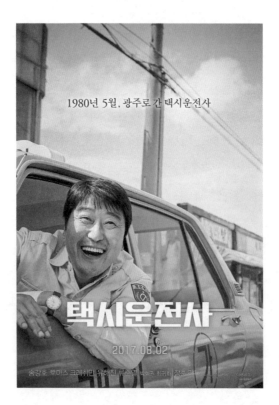

낡은 택시 한 대가 전 재산으로, 홀로 어린 딸을 키우는 서울의 평범한 택시운전사 '김만섭'(송강호). 그는 택시비를 벌기 위해 광주에서 무슨 일이 벌어지고 있는지 모른 채 외국 손님을 태워 광주로 향한다. 그의 택시를 타게 된 독일기자 '위르겐 힌츠페터(피터)'(토마스 크레취만)는 '사건이 있는 곳은 어디든 가는 것이 기자'라고 담담하게 말한다. 이 둘의 공통점은 인간의 기본적인 '도리'에 충실하다는 점이다. 택시비를 받았으니, 손님을 목적지까지 무사히 태워줘야 한다는 만섭의 도리와 고립된 광주에서 벌어지고 있는 일을 알려야 한다는 피터의 도리에서부터 〈택시운전사〉는 출발한다.

그들이 만나는 광주 사람들 또한 마찬가지다. 가장이자 아빠인 소시민 택시운전사 '황태술'(유해진)과 평소 운동권도 아니었던 평범한 광주 대학생 '구재식'(류준열). 그러나 양심과 상식, 인간의 도리 면에서 이들은 자기가 할 수 있는 일을 한다. 비장한 사명감이나 신념 이전에 사람이 해서는 안 되는 일에 맞서서 사람으로서 자기가 해야 할 일을 할 뿐이다.

이러한 〈택시운전사〉 속 인물들을 통해 '사람은 무엇으로 사는가?'라는 소박하지만 근본적인 질문을 던져본다. 그리고 평범한 사람들인 그들의 이야기가 '내가 저 자리에 있었다면?'이라는 질문으로 연결되며, 비단 '과거 속 남의 일'이 아닌 '현재, 우리의 일'일 수도 있다는 점을 시사하며 큰 울림을 전한다.

장훈감독 소개

장훈 감독은 영화를 많이 만든 감독은 아닙니다. 2008년 개봉한 <영화는 영화다>를 시작으로 2010년 <의형제>, 2011년에는 <고지전>의 감독을 맡았다. 2012년에는 이재용, 강형철 감독과 함께 <시네노트>라는 영화를 만들기도 하였는데, 이 영화의 경우 하나의 웹툰으로 시작해 각각의 감독이 각기 다른 결말로 이야기를 이끌어 나가는 독특한 형식의 영화이다. 그리고 2017년 <택시운전사>를 연출했다. 이렇게 5편의 대중 영화를 짧게는 1년, 길게는 4~5년의 기간을 두고 만들었다.

택시운전사, 김사복

영화가 개봉되고 난 후 실제 택시기사였던 김사복 씨의 아들 김승필 씨가 영화 속 인물이 자신의 아버지라고 밝히며 화제가 되었다. 처음에는 진위 여부에 대해 논란이 있었지만 이후 김 승필 씨가 직접 여러 증거들을 내놓고 힌츠페터의 부인이 이를 확인하면서 사실로 인정되었다. 처음에 많은 이들이 의아해했 던 점은 실제 이름도 김사복인데 영화가 개봉한 당시까지 그를 찾지 못했던 점이었다. 영화에서는 그를 찾지 못해 '김사복'이 마치 가명인 것처럼 보여줬기 때문이다.

이 점에 대해서 역시 김승필 씨가 설명한 부분이 있다. 우선 김 사복 씨가 운전했던 택시는 일반 택시가 아니라 1980년대 있 었던 '호텔 택시'였다. 호텔에 소속되어 외국인들을 대상으로 운행하는 택시인 것이다. 그렇기 때문에 일반 택시 기사를 찾 았던 과거의 노력에서는 그를 찾을 수 없던 것이다. 또한 김사 복 씨는 광주에 다녀온 뒤 계속 휴유증을 앓다 4년 후인 1984 년 세상을 떠났기 때문에 더욱 찾기가 힘들게 된 것이다.

이러한 둘의 사연은 영화처럼 극적으로 드러나게 되었다. 아들 과 함께 극장에서 영화를 본 김승필 씨가 영화 마지막에 자신의 아버지의 이름이 언급된 것을 보고 이를 자신의 SNS에 올리면서 이 모든 과정이 시작되었다. 그리고 아들 김승필 씨가 김사복 씨의 여러 이야기들을 옮기는 과정에서 영화 속 장면들과 실제 사건과의 비슷한 점도 많이 확인할 수 있었다. 대표적으로 영화에서 만섭(송강호 분)과 힌츠페터(토마스 크레취만 분)이 광주를 빠져나올 때 군인들의 검문을 받게 되는데 이때 한 이름모를 중사(엄태구 분)의 도움으로 빠져나올 수 있었다. 김승필 씨는 실제로 아버지가 그와 비슷한 이야기를 하신 적이 있었다고 증언하기도 했다.

영화적 표현을 위해 각색된 부분도 있다. 예를 들면, 당시 광주로 향한 인물이 김사복과 힌츠페터 2명이 아니라 3명이라는 점이다. 헤닝 루모어라는 녹음담당기자가 동행한 것이다. 당시 영상기술로는 영상 촬영과 녹음이 동시에 되지 않았기 때문에 녹음만을 전담으로 하는 담당기자가 늘 함께 했기 때문이다. 이 분은 현재도 살아계시는데 아쉽게도 영화에서는 만날 수가 없다.

독일인 기자, 힌스 페터

힌츠 페터는 광주민주화 운동뿐만 아니라 이후로도 계속 한국의 민주화 운동을 알리는 데 최선을 다했다. 그러던 중 1986년 5공화국 말기 광화문에서 시위를 취재하던 도중 사복 경찰들에게 심하게 구타를 당하기도 한다. 이로 인해 중상을 입어 기자직을 은퇴하게 되고 독일에서 생을 마감한다. 이러한 공로를 인정받아 앞서 잠시 언급한 송건호 언론상(민주언론운동을 이끈 언론인 청암 송건호의 정신을 기리기 위해 제정된 상)을 2003년에 수상했다.

2020년 봄 5·18 40주년 기념 영화제 '시네광주 1980'에서 '광주의 기억'이라는 상영 세션에서 다큐멘터리 〈5·18 힌츠페터 스토리〉가 상영되었다. 장영주 PD가 연출을 맡았는데 그는 2003년 〈KBS스페셜〉 〈푸른 눈의 목격자〉 편을 통해 힌츠페터를 조명하기도 했다. 그때 방영분과 새로 조사한 부분들을 다큐멘터리로 정리하는 과정이 〈5·18 힌츠페터 스토리〉의 내용이다. 다큐에서는 녹음담당기자 헤닝 루모어의 모습도 담겨져 있다.

신여성의 <투비 오어 낫투비>(TO BE OR NOT TO BE)

'지갑은 텅 비었지만 지식은 충만한' 신여성은 TO BE, 살리고 싶은 캐릭터로 대학생 구재식(류준열 분)을 뽑았다. 대학가요제에 참가하기 위해 대학을 갔다는 그는 한츠 페터와 만섭의 소통을 돕고 또 한츠 페터가 빠져나갈 수 있도록 큰 도움을 주기도 했다. 그의 안타까운 마지막은 바로 광주를 먼저 빠져나온 만섭이 다시 광주로 돌아가는 장면에서부터 출발한다. 만섭은 서울에 두고 온 딸을 생각하며 혼자 먼저 광주를 빠져나온다. 그가 가장 먼저 도착한 곳은 순천이었다. 시장에서 딸을 위해 작은 구두를 사고 국수로 허기를 달래던 중 식당 아주머니께서 주먹밥을 내준다. 주먹밥을 보자 곧 그는 광주의 광장에서 아주머니들이 나누어 주던 주먹밥을 떠올린다. 그리고 앞서 다른 손님들은 광주에서 불순세력 및 폭도들에 의해 군경이 사망했다는 신문 보도를 이야기하고 있었다. 이런 와중에 주먹밥을 보자 그는 눈물을 흘리며 고민하게 된다. 자기가 직접 본 광주의 참상이 완전히 왜곡되어 사람들에게 전해지고 있었기 때문이다. 결국 그는 딸에게 전화를 걸어 광주에 손님을 두고 왔다고 하며 다시 광주로 되돌아간다. 이 과정에서 만섭의 변화가 주목할 만하다. 아무렇지 않은 척 노래를 불러보지만 계속해서 광주가 떠오르고 주체할 수 없는 감정을 느끼게 된 과정을 매우 극적으로 보여주기 때문이다. 결국 이 장면이 보여주는 것은 결국 평범한 누구라도 어떤 사건을 경험하면 그 이전으로 돌아갈 수 없다는 것이다. 그렇기에 실제 주인공인 김사복 씨 역시 광주를 다녀온 후 계속해서 힘들어했던 것이다.

이렇게 돌아간 만섭은 병원에서 싸늘한 주검이 된 재식을 만나게 된다. 곧장 말할 수 없는 감정을 느끼며 한츠 페터와 목숨을 걸고 광주를 빠져나가 이 일을 세상에 알려야 한다고 결심한다. 만섭에게 이제는 돌아갈 수 없는 큰 사건이자 그의 마음을 돌아서게 한 재식과의 만남과 이별을 기억하며 그를 TO BE로 선정했다.

자영업의 <투비 오어 낫투비>(TO BE OR NOT TO BE)

자막달린 중국 영화는 필요 없는' 자영업은 TO BE, 살리고 싶은 캐릭터로 만섭과 힌츠 페터가 광주에서 빠져나오는 장면에서 그들을 도와준 검문소 중사(엄태구 분)를 뽑았다. 만섭과 힌츠 페터는 광주에서 빠져나오기 위해 원래의 서울 번호판을 숨기고 전남 번호판을 사용한다. 그리고 우여곡절 끝에 광주의 아픔을 담아내고 이를 보도하기 위해서 그들은 서울로 향하게 되죠. 그러나 광주로 통하는 모든 길들은 이미 군인들에 의해 차단된 상태였다. 만섭과 힌츠 페터도 결국 검문소에서 차를 멈추게 되고 검문소 중사는 그들을 차에서 내리게 한 뒤 차 여기저기를 살펴본다. 이때 중사는 차 트렁크에서 서울 번호판을 발견한다. 숨막히는 이 순간 그는 아무렇지 않은 표정을 지으며 그들을 보내준다. 자기가 검사했는데 기자도 아닌 택시기사니 문제없다는 말과 함께. 만약 그가 그때 그들을 붙잡았다면 광주민주화 운동의 참상이 세상에 알려지는 것은 더 오래 걸리고 더 지난한 과정을 거쳐야 했을 것이다. 이런 의미에서 검문소의 군인 역시 큰 용기를 낸 인물로 꼭 TO BE, 살려야하는 캐릭터라고 볼 수 있다.

또한 이 장면이 실제 사건이었다는 점도 꼭 짚고 넘어가야 한다. 앞서 잠시 이야기 했듯 실제 당시 광주를 빠져나올 때 도움을 준 군인이 있었다는 증언은 힌츠 페터 뿐만 아니라 김사복 씨의 아들 김승필 씨 역시 한 적이 있다. 군인 신분이었기에 자신의 도움이 밝혀지면 더 큰 위험에 처할 수 있었음에도 큰 용기를 낸 그 찰나의 정의로움을 깊게 생각해보아야 할 것 같다.

꿈꾸미의 <투비 오어 낫투비>(TO BE OR NOT TO BE)

'이루고 싶은 꿈이 많아 잠도 많은' 꿈꾸미는 주인공 만섭의 정신을 TO BE, 영화 속 살리고 싶은 부분으로 뽑았다. 여기서 만섭의 정신은 택시기사로서의 그의 직업 정신이다. 만섭은 '손님이 가자면 택시는 어디든지 가는 거지'라는 말을 하고 또 그 말 그대로 어디든 향하는 캐릭터이다. 이때 '어디든'은 물리적으로 먼 곳 분만 아니라 가까운 곳도 당연히 포함하고 평탄한 길이 아닌 거칠고 위험한 길을 헤쳐나아가야 하는 곳도 포함한다. 어쩌면 이것이 택시의 본질이기도 하다. 요새 말도 많고 탈도 많은 '택시'와 관련해 어디든 갈 수 있는 만섭의 직업 정신을 TO BE, 살리고 싶은 캐릭터로 뽑았다.

책사의 <투비 오어 낫투비>(TO BE OR NOT TO BE)

'책을 사랑하는' 책사는 주인공 위르겐 힌츠 페터를 TO BE로 선정했습니다. 영화 속 그의 캐릭터분만 아니라 그의 실제 삶에도 주목한 선택이다. 영화가 개봉하기 1년 전인 2016년 세상을 떠난 그는 계속해서 택시운전사 김사복을 그리워했다고 한다. 영화에서 엔딩 크레딧이 올라가기 직전 2011년 생전 인터뷰에서도 그를 만날 수만 있다고 곧장 서울로 가 다시 그의 택시를 타고 변화된 대한민국의 모습을 보고 싶다고 이야기를 한다. 물론 김사복 씨는 광주에 다녀온지 4년 후인 1984년에 이미 사망했기 때문에 만날 수는 없었겠지만 그래도 광주 이후 그의 삶을 듣거나 또 그의 사진이라도 다시 보지 못하고 세상을 떠난 힌츠 페터의 스토리 역시 영화만큼이나 가슴 아프게 느껴진다.

힌츠 페터와 김사복 씨의 안타까운 사연뿐만 아니라 힌츠 페터가 걸어온 삶의 행보 역시 그가 TO BE, 살리고 싶은 캐릭터가 되어야 하는 이유이기도 하다. 앞서 이야기 했듯 그는 광주 민주화운동 분만 아니라 한국의 민주화 운동 전반에 지속적인 관심을 가졌던 인물이다. 그 과정에서 안타깝게 사복 경찰에게 구타를 당하는 일이 일어나기도 한다. 이러한 노고를 인정받아 외국인으로는 유일하게 송건호 언론상을 수상하였다. 그는 이렇듯 여러가지 각도에서 의미있게 돌아볼 수 있는 인물이다. 그렇기에 그가 김사복 혹은 아들 김승필 씨라도 만날 수 있었다면 어땠을까하는 안타까움이 더 크게 느껴진다. 마지막으로 힌츠 페터는 생전에 자신을 광주에 묻어달라는 유언을 남겼다. 고인의 뜻을 기리면서 가족들의 도움으로 그의 머리카락과 손톱, 발톱이 광주 5·18 묘역에 안장되었다. 광주민주화 운동을 세상에 알린 위르겐 힌츠 페터가 오늘의 마지막 TO BE이다.

3점. 세월은 흘러가도 사랑은 남다

빈센트 반 고흐, <신발> 연작

빈센트 반 고흐는 1886년부터 7점의 신발 연작을 남겼다. 공통된 점은 위 작품에서도 보여지듯 매끈한 신발이 아니라 거칠고 낡은 신발이다.

영화 〈택시운전사〉에서도 신발이 중요하게 담겨져 있다. 대학생 구재식(류준열 분)이 안타까운 죽음을 맞이할 때 그와 그의 동료들의 시신은 제대로 관에도 들어가지 못하고 병원 바닥에 눕혀져 있다. 이때 만섭은 바닥에 널브러져 있는 재식의 낡은 운동화를 발견하고 재식의 시신에 신겨준다. 그 피 묻은 신발을 보는 만섭의 눈빛을 잊을 수가 없다. 신발에 관해 조금 더 이야기 해보자면 1980년 광주민주화운동을 이어받은 1987년 민주화운동을 다룬 영화 〈1987〉에서도 이한열 열사의 타이거 운동화가 중요한 모티브로 등장한다. 두 영화가 신발을 중요하게 다룬 것은 신발이라는 것이 우리를 어딘가에서 또 다른 어딘가로 옮겨주는 매개체이자 신체의 확장이기 때문이라 생각한다. 이런 의미에서 만섭은 이제 돌아올 수 없는 길을 떠나야 하는 재식이에게 마지막으로 신발을 신겨준 것이라고 할 수 있다. 반 고흐 역시 이러한 신발의 의미를 고민하면서 〈신발〉 연작을 그렸을 것이라 생각하면서 작품을 드레싱으로 가져오게 되었다.

사실 반 고흐의 〈신발〉 연작이 유명하게 된 데에는 학자들의 논쟁이 큰 역할을 한다. 먼저 마르틴 하이데거(Martin Heidegger)라는 철학자가 〈신발〉을 먼저 이야기 했다. 그는 1935년 후반부터 1946년 말까지 자신의 강의에서 계속해서 〈신발〉을 언급한다. 이는 후에 『숲길(Holzwege)』이라는 강의록으로 출판되기도 했다. 그는 여기서 고흐가 그린 신발을 고된 노동 끝에 닳고 닳은 농부의 신발이라고 해석한다. 고흐의 〈신발〉이 농부의 고된 노동과 땀을 보여준다고 해석한 것이다. 이러한 해석 이후 자크 데리다(Jacques Derrida)라는 철학자는 고흐의 〈신발〉과 하이데거의 비평에 대해서 나름의 해석을 더하기도 하였다. 그러나 하이데거의 해석이 더욱 논쟁적 성격을 가지게 된 것은 메이어 샤피로(Meyer Schapiro)라는 미술사학자가 하이데거의 해석을 정면으로 반박한 것에서 시작된다. 그는 그림 속에는 그저 낡은 신발 한 켤레뿐인데 농부와 관련된 아무런 정보없이 농부의 신발이라 해석하는 것은 너무도 자의적인 해석이라고 비판한다. 그리고는 이 신발이 농부의 신발이 아닌 반 고흐 자신의 신발이며 반 고흐는 신발을 통해 자화상을 그린 것이라는 해석을 내놓는다. 결국 이 논쟁이 우리에게 전하는 것은 예술을 감상하는 사람의 역할과 위치가 중요한가의 문제라고 할 수 있다. 〈신발〉 연작은 크게 주목받은 작품은 아니었지만 하이데거라는 철학자의 해석으로 작품의 가치가 높아진 것은 그 예술을 감상하는 사람이 매우 중요한 역할을 할 수 있다는 것을 보여주었기 때문이다. 영화 〈택시운전사〉 역시 우리가 계속해서 또다른 해석을 가미하면서 본다면 더욱 의미있고 중요한 작품으로 여겨질 수 있다고 생각한다.

정재일·장민승감독, <내 정은 청산이오>(2020)

정재일 음악감독은 봉준호 감독의 〈기생충〉과 〈옥자〉의 음악감독을 맡은 것으로도 유명하다. 장민승 감독의 경우 세월호 사건의 아픔을 다룬 '보이스리스(Voiceless)'를 통해 에르메스 미술상을 받기도 하는 등 미술 작가와 영화 감독의 경계를 넘나드는 예술가이다. 이 둘이 협업하여 이번에 공개한 '내 정은 청산이오'는 광주민주화운동 당시 부상자들이 실려왔던 '구 국군광주병원'과 수감자들이 붙잡혔던 '광주교도소'와 같이 5·18 민주화운동의 상흔이 간직되어 있는 곳에 남아있는 흔적들에 무용과 음악을 더해 만든 영상 작업이다. 작업은 세월은 흘러도 기억은 남아 있고 우리는 잊지 말아야 한다는 이야기를 담고 있다. '구 국군광주병원'은 영화 〈택시운전사〉에서도 계속해서 나온 장소이기도 하다.

작품의 제목 '내 정은 청산이오'는 진도의 씻김굿에서 유래한 것이다. 진도 씻김굿은 거센 진도 앞바다에서 죽은 분들을 위로하는 노래이다. 작품 내에서 진도 씻김굿을 일부가 담기기도 했다. 결국 작품은 광주민주화운동으로 희생된 분들의 넋을 위로하는 의미를 가지고 있다고 볼 수 있다. 유튜브에서 공개되어 있으니 감상하시는 것을 추천드린다.

`<택시운전사>`의 중국어 번역

`〈차이나는 무비 플러스〉`에서 중국, 대만 영화를 다룰 때 제목이 아쉽다는 이야기를 자주하였다. 과연 `〈택시운전사〉`는 중국에서 어떻게 번역이 되었을까? 우선 영화는 `〈택시운전사〉`는 중국 대륙을 제외하고 홍콩, 대만에서는 바로 그 해 9월에 개봉되었고 큰 인기를 얻었다. 민주화 운동을 다룬다는 의미에서 큰 공감을 불러일으킨 것이다.

대만에서 개봉된 제목은 `〈我只是個計程車司機(나는 단지 택시기사일 뿐이다)〉`이었다. 평범하고 담담한 문장의 제목으로 옮겨졌다. 여담으로 여기서 택시를 일컫는 대만과 중국의 언어 차이를 볼 수도 있다. 대만에서는 '거리에 따라 계산해서 가는 차'라는 의미에서 지청츠어(計程車, jìchéngchē)라고 부른다. 중국 대륙에서는 '빌려서 가는 차'라는 의미에서 츄즈츠어(出租车, chūzūchē)라고 부른다. 반면 홍콩에서는 조금 특별하게 번역된다. `〈역권사기(逆權司機)〉`라고 번역이 된 것이다. 여기서 '역권(逆權, 거스릴 역, 권세 권)'은 권력에 저항한다는 뜻이다. 사기(司機, 맡을 사, 틀 기)는 운전기사를 의미한다. 그래서 `〈역권사기〉`는 '권력에 저항하는 택시운전사'라는 뜻이다.

여기서 조금 더 홍콩의 한국 영화 번역을 살펴보면 매우 흥미로운 지점이 있다. 〈택시운전사〉와 많은 연결지점을 가진 영화 〈1987〉에 관한 이야기이다. 이 영화 역시 홍콩에서 매우 큰 인기를 끌었다. 〈1987〉의 제목은 〈역권공민(逆權公民)〉으로 번역되었다. '공민(公民)'은 시민과 비슷한 뜻으로 '역권공민'은 '권력에 저항하는 시민들'이라는 뜻이다. '역권(逆權)'이 들어간 작품이 또 있다. 국내에서는 2013년에 홍콩과 대만에서는 이듬해에 개봉된 영화 〈변호인〉이다. 〈변호인〉은 '권력에 대항하는 변호인'이라는 뜻의 〈역권대장(逆權大狀)〉으로 옮겨졌다. 여기서 '대장(大狀)'은 광둥어로 변호인을 뜻한다. 이렇게 세 영화는 홍콩에서 '역권 3부작'이라고 불린다. 세 영화가 담고 있는 민주화에 대한 열망으로 영화가 홍콩에서 큰 울림을 가지게 되었다고 볼 수 있다.

•• 박하사탕 ••

(이창동감독, 1999)

　　1999년 개봉한 이창동감독의 영화 〈박하사탕〉은 [야유회–사진기–삶은아름답다–고백–기도–면회–소풍]이라는 시퀀스로 구성되었다.

　　"야유회(1999년 봄)" 가리봉동 공단 출신들이 모인 야유회장에 등장한 김영호(설경구)는 광태를 부리다 달려오는 기차를 가로막고 "나 다시 돌아갈래"라고 외친다. 그러자 시간은 거슬러가기 시작한다. "사진기(사흘 전, 1999년 봄)" 사업도 망하고 아내(김여진)와 이혼까지 하여 인생이 만신창이가 되어 자살하려는 영호에게 첫사랑 윤순임(문소리)의 남편이 찾아온다. 병으로 죽어가는 그녀는 영호에게 카메라를 돌려준다. "삶은 아름답다(1994년 여름)" 사업과 주식으로 돈을 벌며 순조로운 삶을 살던 영호는 어느 날 한 식당에서 이전 그가 고문했던 박명식(김경익)을 만나고, 그에게 "삶은 아름답다"는 말을 들려준다. "고백(1987년 봄)" 형사로 일하는 영호는 박명식을 잡아 혹독한 고문을 하고, 박명식은 고문에 못이겨 정보를 준다. 영호는 박명식이 일기에 쓴 대로 삶이 아름답다고 생각하는지 묻는다. "기도(1984년 가을)" 신임 경찰 영호는 처음 고문에 투입되어 양심의 가책으로 괴로워한다. 순임이 찾아와 그에게 사랑을 고백하며 사진을 찍고 싶어 했던 그를 위해 카메라를 선물하지만, 그는 순임을 돌려보낸다. "면회(1980년 5월)" 순임이 면회 오던 날, 영호가 속한 부대는 광주 진압 작전에 투입된다. 그는 혼란 중에 순임을 닮은 소녀를 실수로 사살하고 오열한다. 소풍(1979년 가을) 가리봉동 노동자들의 소풍에서 영호는 순임에게 사진을 찍고 싶다고 말하고, 순임은 영호에게 박하사탕을 준다.

―――――――――――――――――――――――― ┤ 이창동감독 소개

영화만큼이나 유명한 감독인 이창동 감독은 사실 소설가로도 유명하다. 『녹천에는 똥이 많다』(1992)로 이미 유명했던 소설가가 영화 〈그 섬에 가고 싶다〉, 〈아름다운 소년 전태일〉의 각본을 쓰고 이후에 〈초록물고기〉를 통해 감독으로 데뷔한 것이죠. 〈박하사탕〉은 그의 두번째 영화이다. 사실 영화 감독으로서는 데뷔작 만큼이나 두번째 작품이 매우 중요합니다. 두번째 작품이 흥행에 성공해야 그 이후 작품도 계속해서 제작할 수 있기 때문이다. 다행히 〈박하사탕〉은 크게 성공하였고 이창동 감독은 다음 작품으로 〈오아시스〉의 각본과 감독을 맡았다. 이 영화는 '문소리'라는 배우를 세상에 알린 작품이기도 하다. 이후 〈밀양〉, 〈시〉, 〈버닝〉을 차례로 연출하였다. 모든 작품이 하나하나 수작에 뽑힐 만한 영화이다. 그리고 이 영화들을 살펴보면 하나의 주제 의식이 영화를 거쳐가며 이어진다는 것을 발견할 수 있다. 윤리적 딜레마를 다루는 것이다. 〈박하사탕〉에서 잠깐 나오는 종교에 관한 문제는 〈밀양〉을 통해 집중적으로 다루어지고, 그의 작품 속 문학적인 '촘촘함'은 〈시〉에서 극대화된다.

한편 이창동 감독 영화의 또다른 특징은 인간의 몸, 나체가 반복적으로 등장한다는 것이다. 몸과 살, 육체라는 것은 성적인 장면 외에도 고문 장면, 일상적인 장면에서도 인간의 몸이 여과 없이 담겨져 있다. 사실 예술가들이 인간의 몸을 그리는 것은 아주 오래되었다. 그것은 꾸밈없는 몸 그 자체로, 주름이 져있든 구부러져있든 병이 들었든, 있는 그대로의 모습을 아름답게 보았기 때문일 것이다. 그런데 반대로 많은 경우에 그런 몸을 가리는 겉치장이나 돈 혹은 명예와 같은 것을 '아름다움'과 연결짓기도 한다. 이창동 감독은 있는 그대로의 몸을 가리는 것들을 걷어치우고 그 자체를 보여주기 위해 영화 속에서 나체를 많이 보여주는 것은 아닐까 생각해볼 수 있다. 우리 내면의 어설프고 항상 흔들리는, 인간적인 모습은 가려지지 않은 몸을 통해서 더 잘 드러나기 때문이다.

유명한 기찻길 장면을 시작으로 시작을 거슬러 올라가는 영화 〈박하사탕〉에서도 역시 캐릭터들의 몸이 반복적으로 등장한다. 영화의 시간과 반대로 이야기해보자면 1984년 가을 공안 경찰인 영호가 고문하는 청년의 몸, 첫사랑 순임(문소리 분)을 떠나보낸 뒤 홍자(김여진 분)와 보내는 밤에 부끄러워하는 홍자의 몸, 1987년 봄 시위를 벌인 박명식(김경익 분)을 조사하는 과정에서 목욕탕 안 남자들과 붙잡힌 후 고문받는 명식의 몸, 순임의 고향 군산에서 순임을 그리워하며 만나는 술집 종업원 경아(고서희 분)의 몸, 1994년 여름 순탄치 않은 결혼 생활 끝에 바람을 피는 영호와 홍자 두 사람의 몸. 이 모든 몸이 우리가 생각하는 '완벽한' 상태의 몸이 아닌 모습으로 계속해서 재현된다.

여러 캐릭터의 몸과 그때마다 보여지는 각기 다른 신체 부위(엉덩이, 등, 가슴, 손 등)는 몸이 가지는 여러 층위들을 보여주는 것으로 읽어볼 수도 있다. 예를 들어 목욕탕에서 샤워를 마친 명식의 몸이나 순임이가 칭찬하는 과거 영호의 '고운 손'은 아주 일상적인 몸이다. 그런데 그 일상적인 층위를 파괴하고 왜곡하는 몸(고문하는 영호의 손, 1980년 광주에서 오발 사고를 일으킨 영호의 손)과 파괴당하고, 왜곡당하는 몸(물고문 받는 명식의 몸)도 등장한다. 뿐만 아니라 자신의 행위를 (너무도 순수해서 혹은 그 반대 이유로) 스스로 부끄러워하는 몸(영호와 첫날밤을 보내는 홍자의 몸, 불륜이 들킨 홍자의 몸)과 비일상적인 행위에도 부끄러운 줄 모르는 몸(미스리와 차 안에서 성관계를 가지는 영호의 몸)도 등장한다. 이러한 여러 겹의 몸들은 정당한 시위에 대한 국가의 폭력적인 억압, 고문 그리고 윤리적 층위에서 불륜과 같은 문제에 있어서 한 사람을 가장 먼저 그리고 깊숙하게 망가뜨리고 변화시키는 것이 '몸'이라고 생각하게 만든다. 또한 캐릭터 속에도 시간이 흐르면서 다른 모습의 몸이 드러나듯이 인간 정신의 변화를 가장 먼저 드러내는 것 역시 몸의 수준이라고 생각할 수도 있다.

꿈꾸미의 <투비 오어 낫투비>(TO BE OR NOT TO BE)

'꿈꾸미'는 순임을 TO BE, 살리고 싶은 캐릭터로 뽑았다. 영
호는 일말의 자기 양심을 이유로 순임이가 자신을 떠나게 만들
었다. 자기 같은 부도덕한 사람에게 사람에게 순수한 순임이는
어울리지 않다고 생각했기 때문이다. 이유야 어쨌든 영호의 선
택 역시 물론 중요하지만 그 선택의 결과는 결국 순임의 삶도
힘들고 어렵게 만들었을 것이라 추측할 수 있다. 이것이 또 나
아가 순임의 불치병과도 연관이 있을 수도 있다. 마지막 순간
까지 영호를 그리워했다는 순임의 남편(박세범 분)의 말이 순
임이가 평생 어떻게 살아왔는지 암시해주기 때문이다. 만약 영
호가 순임이를 버리지 않았더라면, 죄 많은 사람들끼리 또 자
기 양심에 비추어 부도덕한 사람들끼리 서로 의지하며 살았더
라면 서로를 돌보며 조금 더 나은 삶을 살았을 것이라 기대해
볼 수 있다. 결국 영호의 판단은 두 사람 사이의 '돌봄'의 가능
성을 파괴해버린 것이다. 그렇기에 순임을 TO BE, 살려본다는
것은 첫번째로 영호에게서 멀어지지 않는다는 의미이고 두 번
째로는 세상을 떠나지 않고 계속해서 살아남아 영호 옆에 있었
다면 어땠을까라는 생각이다.

물론 영호의 삶이 계속해서 어긋난 것은 국가가 내세운 폭력과 억압적인 구조 때문이기도 하지만 그럼에도 불구하고 영호를 사랑이라고 하는 또다른 정서적 감정이 보듬어 주었다면, 순임이가 옆에 있었다면 지난한 삶을 살아온 두 사람 모두가 더 행복했을 수도 있었을 것이다. 사회적인 무언가 말고도 정서적인 것이 서로를 보듬어 줄 수 있기 때문이다.

이렇게 이야기하는 것에 사회구조적인 문제를 왜 개인이 책임 지어야 하는가라고 반문할 수도 있다. 그런데 개인과 구조의 문제는 사실 완전히 분리되어 있다고 볼 수 없을 것 같다. 구조적인 억압을 구조적으로 해결해준다고 해서 그때 겪은 감정의 응어리들은 절대로 다 풀어질 수 없는 것처럼 말이다. 그것은 영원히 개인에게 남아있는 문제일 것이다. 그래서 개인적인 차원에서 정서적인 돌봄도 필요하기에 순임이가 살아남아 영호와 순임이가 서로 의지하며 잘 살아나갈 수 있도록 TO BE, 살리고 싶은 캐릭터로 뽑았다.

순임은 참 생각할수록 안타깝기에 더욱 살리고 싶은 캐릭터이다. 우선 영호는 앞서 말한 것처럼 분명한 국가폭력의 피해자라고 해야할 것이다. 억압적인 국가 구조 속에서 그 내면이 파괴되었기 때문이다. 그러나 한편으로 철로 위에서 자살하기 전

영호의 삶을 영화를 따라 살펴보다면 어쩌면 영호에게 이미 그런 부도덕하고 파괴된 내면의 기질이 있는 것이 아닐까 싶기도 하다. 1984년 공안 경찰로서 첫 고문 장면부터 1994년 IMF 때 영호의 모습을 보면 자신의 과거 실수에 대한 반성의 태도가 보이지 않기 때문이다. 사람은 나이가 들어가면서 자신의 잘못을 성찰하고 그것에 대한 책임을 지는 것이 필요하다. 그런데 오히려 영호는 아내를 때리고, 개를 때리고 또 불륜도 저지르고 사업이 망하기 전까지 돈이 전부인 양 살았다. 심지어 순임이가 마지막으로 남긴 카메라도 너무 간단하게 팔아버린 뒤 그 돈으로 총을 사고 끝끝내 갈 곳이 없자 철로 위에 올라가 '돌아가'고 싶다고 외치며 스스로 죽음을 선택했다. 이런 영호가 정말 과거로 돌아간다고 해도 똑같은 실수를 반복하지는 않을까 의심되기도 한다. 구조를 잘못 만나 비극이 커지긴 했지만 영호 개인 내면에도 성숙하지 못함이 있었던 것이다. 결국 개인이든 구조든 각각 나름대로 떠안아야 할 것이 있는 것이고, 그것들이 서로 맞물려 가야만 성숙해지는 것이 아닐까 생각하게 된다.

성찰하지 않는 영호의 삶은 자기 자신뿐만 아니라 주변 사람들까지 고통받게 만들었다. 이런 모습에 브레이크를 걸어준 것은 순임이었다. 결국 괴상하게 돌아가는 세상에 브레이크를 거는 것은 영호처럼 국가적 폭력에 고통받고 힘들어 하는 사람의 모습이 아니라 그 가운데서도 순수함과 부끄러움을 간직한 순임이가 아닐까?

신여성의 <투비 오어 낫투비>(TO BE OR NOT TO BE)

이와 연결해서, '신여성'은 순임의 남편 신광남을 TO BE, 살리고 싶은 캐릭터로 선정했다. 자신의 아내의 마지막 부탁을 들어주기 위해 영호를 찾아오고, 자기를 붙잡으러 온 나쁜 사람으로 착각해 헛소리를 하는 영호에게 화를 내기보다는 오히려 옷도 사주고, 카메라까지 돌려주는 그의 모습은 비현실적으로 착하고 침착해 보인다. 이런 모습으로 보아 순임이가 순수함을 유지할 수 있었던 것은 남편 덕이 아닐까 라는 생각으로 남편 신광남을 살려서 그가 어떤 사람인지 조금 더 비추어보는 것도 영화를 보다 재밌게 생각해볼 수 있는 부분인 것 같다.

한편 그를 살려야 할 또 다른 이유는 순임의 남편이라는 자리가 사실 영호가 가장 원했던 자리라는 점이다. 이런 점에서 남편 신광남은 영호의 마음을 비추는 거울이라고 생각할 수 있다. 신광남과 영호가 만나는 장면을 보면 두 사람의 겉모습이 대비된다. 영호는 며칠은 씻지 않은듯 헝클어진 머리와 지저분

한 옷으로 비닐하우스를 개조한 집에서 살고 있고, 반대로 신광남은 멀끔한 정장 차림에 말투와 행동 모두 점잖은 어른의 모습으로 보여진다. 맑고 깨끗한 샘물같은 그의 모습은 현재 영호의 비참한 몸과 마음의 영호를 비추어 원래 영호가 가지고 있던 순수함과 지금의 상황까지 이르게 된 자기 과거를 돌이켜 보게 만들었다고 생각할 수 있다. 그렇게 무너진 영호의 선택은 결국 자살이었지만.

자영업의 <차이나는 한 장면>

'자영업'도 TO BE를 골랐다. 주인공 영호와 관련되어 있다. 그러나 캐릭터 자체라기보다는 영호의 '기억'과 '손'에 주목해보았다. 우선 영호의 기억과 관련해서 영화의 첫 장면에서 영호가 '돌아가'고 싶다고 외치는 그 시점은 영화의 마지막 시퀀스, 노동조합 동지들과 야유회에서 즐거운 시간을 보내며 순임을 만난 시점이었을 것이다. 그때가 영호에게 있어 가장 순수하고 행복했던 순간이었을 테니까. 그런데 영화는 얄궂게도 1979년 가을, 그때가 아닌 바로 4일 전으로 돌아간다. 1979년으로 돌아가고 싶어하는 영호의 외침은 1994년과 1987년, 1984년 영호가 기억하고 싶지 않은 그 시간들을 모두 거친 이후에야 보여진다. 이런 영화 구성은 아무리 떠올리기 싫은 기억일지라도 그 망각은 쉽게 이루어지지 않는 다는 것을 다시금 느끼게 해준다. 아픈 기억을 모두 지우고 아름다운 기억만 남기는 것도 불가능하다는 것도 생각하게 해준다. 이런 의미에서 '기억'에 대한 문제를 조금 더 살려서 영화를 다시 생각해보고자 TO BE로 선정했다.

한편 영화는 손에 대해서도 많은 이야기를 하고 있다. 앞서 말했듯 주인공 영호는 주변 사람들에게 위악적인 삶을 살았다. 그런 모습을 대표적으로 보여주는 것이 영호의 손이다. 1984년 가을 어느 날, 순임이는 영호를 찾아와 '뭉뚝하고 좀 못생겼는데 참 착하게 보이는 손' 때문에 영호가 착한 사람이라고 생각했다고 말한다. 영호는 알 수 없는 표정과 함께 옆에 있던 홍자의 엉덩이를 더듬은 뒤 '착하죠'라고 손임에게 되묻는다. 상처받은 순임은 결국 눈물을 흘리고 만다. 그런데 홍자를 추행하는 그 손은 어딘가 어설퍼 보인다. 순임을 밀어내기 위해(혹은 자기 죄책감을 덜기 위해) 일부러 보여주는 행동이니 자연스럽지 않았던 것이다. 1980년 광주에서 역시 자신에게 맞지 않은 일을 하다보니 그 손은 어설프고 서툴러 결국 오발 사고를 내고 만 것이라 생각해볼 수도 있다.

그런데 마치 자신에게 입혀진 오물을 벗겨내듯 시간을 거슬러

1979년 야유회에서 카메라 프레임을 따라하며 들꽃과 순임이를 담아낸 손, 순임이가 '착하다'고 표현한 그 손은 어설프고 서투르긴해도 위악하거나 거짓처럼 보이지는 않는다. 그렇다면 영화가 말하는 '착한 손'은 무엇일까? 자영업은 그것을 '노동하는 손'이라고 보았다. 야유회 역시 노동조합 동지들과 함께 떠난 것이었고, 자신의 손으로 직접 노동했던 1979년 그때에 영호만이 오직 순수하고 따뜻한 마음을 간직했기 때문이다.

책사의 <차이나는 한 장면>

'책사'는 TO BE로 살리고 싶은 장면을 골랐다. 우선 1980년 광주에서 영호가 오발 사고로 한 여학생을 죽이는 장면이다. 과거를 거슬러 올라가면서 계속해서 어긋난 행동을 반복하는 영호의 모습을 이해하게 해주는 장면이기 때문이다. 영호는 처음에는 순임처럼 보였던 한 여학생에게 빨리 도망가라고 외치면서 어이없는 실수로 그녀에게 총을 쏘게 된다. 이 한 번의 실수가 일어나지 않았다면, 영호는 자살에 이르는 삶의 궤적이 아닌 다른 인생을 살지 않았을까라는 생각에서 이 장면을 영호가 오발 사고를 내지 않는 것으로 바꾸어 보고 싶다.

박노해, <가리봉 시장>

가리봉시장에 밤이 깊으면

가게마다 내걸어 놓은 백열전등 불빛 아래

오가는 사람들의 상기된 얼굴마다

따스한 열기가 오른다.

긴 노동 속에 갇혀 있던

우리는 자유로운 새가 되어

이리 기웃 저리 기웃 깔깔거리고

껀수 찾는 어깨들도 뿌리뽑힌 전과자도

몸 부벼 살아가는 술집 여자들도

눈을 빛내며 열이 오른다.

돈이 생기면 제일 먼저 가리봉 시장을 찾아

친한 친구랑 떡볶이 500원어치, 김밥 한 접시,

기분나면 살짜기 생맥주 한 잔이면

스테이크 잡수시는 사장님 배만큼 든든하고

천오백원짜리 티샤쓰 색깔만 고우면

친구들은 환한 내 얼굴이 귀티난다고 한다.

하루 14시간

손발이 퉁퉁 붓도록

유명브랜드 비싼 옷을 만들어도

고급오디오 조립을 해도

우리 몫은 없어,

우리 손으로 만들고도 엄두도 못내

가리봉 시장으로 몰려와

하청공장에서 막 뽑아낸 싸구려 상품을

눈부시게 구경하며

이번 달엔 큰맘 먹고 물색 원피스나

한 벌 사야겠다고 다짐을 한다.

앞판 시다 명지는 이번 월급 타면

켄터키치킨 한 접시 먹으면 소원이 없겠다 하고

마무리 때라는 정이는 2,800원 짜리

이쁜 샌달 하나 보아둔 게 있다며

잔업 없는 날 시장가자고 손을 꼽는다.

가리봉 시장에 밤이 익으면,

피가 마르게 온 정성으로

만든 제품을 화려한 백화점으로

물 건너 코 큰 나라로 보내고 난

허기지고 지친

우리 공돌이 공순이들이

싸구려 상품을 샘나게 찍어 두며

300원어치 순대 한 접시로 허기를 달래고

이리 기웃 저리 기웃

구경만 하다가

허탈하게 귀가길로

발길을 돌린다.

- 박노해, 〈가리봉 시장〉, 「노동의 새벽」 中

시인은 1970~80년대 구로공단의 모습을 이야기하고 있다. 영화 〈박하사탕〉에서 영호와 순임이 만나게 된 것도 구로공단 야학을 통해서였다. 구로공단은 1960년대부터 해외의 전자산업 업체들, 특히 노동집약적 공정을 담당하는 제조업체들이 한국에 유입되면서 한국에서는 저임금 노동력을 유지할 수 있는 국제적 하청화가 이루어졌다. 이에 1964년 출범한 구로공단은 최대 노동자 규모를 가진 대표적인 수출산업단지로 자리매김했다. 이 곳은 70년대 초반 섬유·의류·봉제 업종을 중심으로

한 경공업 중심의 시기를 거쳐, 80년대 중공업단지의 역할을 담당했다. 그런데 90년대 초부터 시작된 제조업의 생산성 하락으로 인해 제조업체들이 더 싼 인간비를 찾아 구로공단을 떠나 해외나 서울 외곽 지역으로 공장을 이전하고 외환위기 이후 노동유연화는 손쉬운 해고가 가능해지면서 예전의 모습을 잃게 되었죠. 이러한 역사를 지나 지금은 서울 디지털 국가산업단지로 변화해 청년 노동자들로 대표되는 첨단 IT산업 중심의 새로운 노동시장을 형성하고 있다.

그렇다면 70~80년대 비인간적인 노동환경에 처해있던 이 공간의 문제는 해결된 것일까? 시인의 이름처럼 '노동 해방'은 이루어졌을까? 영화 〈청년경찰〉이나 〈범죄도시〉의 배경이 된 가리봉동의 현재 모습은 그렇지만은 않은 것 같다. 공단 외곽지역에는 여전히 일부 제조업체들이 남아 있어 중년 여성노동자들로 대표되는 제조업 중심의 오래된 노동시장이 유지되고 있을 뿐만 아니라 근로기준법이 지켜질리 만무한 비정상적인 노동환경은 이제 해외에서 유입된 이주노동자나 외국인노동자 혹은 중국 동포들이 그대로 물려받은 모습을 보여주기 때문이다. 여전히 나아가야 할 길이 많이 남아있는 것 같다. 박노해 시인의 다른 시 한 편을 더 소개해보겠다.

박노해, <손무덤>

올 어린이날만은
안사람과 아들놈 손목 잡고
어린이 대공원에라도 가야겠다며
은하수를 빨며 웃던 정형의
손목이 날아갔다.

작업복을 입었다고
사장님 그라나다 승용차도
공장장님 로얄살롱도
부장님 스텔라도 태워 주지 않아
한참 피를 흘린 후에
타이탄 짐칸에 앉아 병원을 갔다.

기계 사이에 끼어 아직 팔딱거리는 손을
기름먹은 장갑 속에서 꺼내어
36년 한 많은 노동자의 손을 보며 말을 잇는다.
비닐 봉지에 싼 손을 품에 넣고
봉천동 산동네 정형 집을 찾아

서글한 눈매의 그의 아내와 초롱한 아들놈을 보며
차마 손만은 꺼내 주질 못하였다.

훤한 대낮에 산동네 구멍가게 주저앉아 쇠주병을 비우고
정형이 부탁한 산재 관계 책을 찾아
종로의 크다는 책방을 둘러봐도
엠병할, 산데미 같은 책들 중에
노동자가 읽을 책은 두 눈 까뒤집어도 없고

화창한 봄날 오후의 종로 거리엔
세련된 남녀들이 화사한 봄빛으로 흘러가고
영화에서 본 미국 상가처럼
외국 상표 찍힌 왼갖 좋은 것들이 휘황하여
작업화를 신은 내가
마치 탈출한 죄수처럼 쫄드만

고층 사우나 빌딩 앞엔 자가용이 즐비하고
고급 요정 살롱 앞에도 승용차가 가득하고
거대한 백화점이 넘쳐 흐 르 고
프로 야구장엔 함성이 일고

노동자들이 칼처럼 곤두세워 좆빠져라 일할 시간에

느긋하게 즐기는 년놈들이 왜 이리 많은지

– 원하는 것은 무엇이든 얻을 수 있고

바라는 것은 무엇이든 이룰 수 있는 –

선진 조국의 종로 거리를 나는 ET가 되어

얼나간 미친 놈처럼 헤매이다

일당 4,800원짜리 노동자로 돌아와

연장 노동 도장을 찍는다.

내 품 속의 정형 손은

싸늘히 식어 푸르뎅뎅하고

우리는 손을 소주에 씻어 들고

양지바른 공장 담벼락 밑에 묻는다.

노동자의 피땀 위에서

번영의 조국을 향락하는 누런 착취의 손들을

일 안 하고 놀고먹는 하얀 손들을

묻는다.

프레스로 싹둑싹둑 짓짤라

원한의 눈물로 묻는다.

일하는 손들이

기쁨의 손짓으로 살아날 때까지

묻고 또 묻는다.

- 박노해, 「노동의 새벽」中

시민건강권 연구기관, <시민건강연구소>

영화 〈박하사탕〉 속 등장인물들의 파멸이 건강하지 못한 사회에서 비롯했다는 점에 주목해 '건강'과 관련된 드레싱을 소개해본다. '시민건강연구소'라는 단체이다. 이곳에서는 건강권에 관한 이론을 개발하는데, 단순히 신체 건강을 넘어서 사회적 건강까지도 아우르는 권리를 연구한다. 윤리와 정의, 불평등과 형평성, 공공과 민간, 경제와 시장, 경쟁과 효율성 등을 모두 다루는 것이다. 또한 보건의료정책이나 시민사회와 보건의료, 지역사회와 경제, 건강불평등과 소수자의 건강권 등을 분석하면서 사회적인 의미에서 '건강'을 다루는 연구소이다.

정신분석학자이자 사회철학자인 프란츠 파농이라는 학자는 흑인들이 가진 정신질환의 문제를 개인의 문제가 아닌 '식민지'라는 사회가 만들어 낸 사회적 문제라는 주장했다. 이처럼 한 개인의 건강 문제는 결국 사회적이고 문화적인 문제라고 볼 수 있다. '시민건간연구소'에서는 이처럼 사회적 차원에서 건강을 다루고 있다. 사이트에 들어가면 읽어 볼 만한 자료들도 많고, 그 외 다양한 참여 방식도 있다고 하니 한 번 들어가 보시는 것도 좋을 것 같다.

신형철, 『정확한 사랑의 실험』, 마음산책, 2014.

영화평론가 신형철이 '씨네21'에 연재했던 영화 평론을 모은 책, 『정확한 사랑의 실험』에서는 이창동 감독의 또 다른 영화 〈시〉를 다룬 부분이 있다. 여기서 이창동 감독의 윤리학적인 관점에 대한 신형철의 분석을 소개하고자 한다.

'어떻게 살아야 하는가?'라는 물음을 둘러싼 일련의 논의들을 넓은 의미에서 '윤리학'이라고 규정할 수 있다면, 그 논의의 장에 개입하는 모든 종류의 글쓰기는 '윤리학적 텍스트'를 생산할 것이고, 그 하위 범주 중 하나로 '윤리학적 문학 텍스트'를 또한 생산할 것이다. 이런 종류의 문학작품을 쓰는 데 필요한 특별한 자질이 있을까? 윤리학적인 의제를 활성화시키는 효과적인 서사 구조를 창조해내는 능력을 나는 '윤리학적 상상력'이라고 부른다. 내가 보기에 '윤리학적 상상력'은 다음 세 가지 요소를 서사 내부에 절합(節合)해내는 능력이다. 사건, 진실, 그리고 응답.

첫째, 그 일이 있기 전으로 되돌아갈 수 없는 어떤 존재론적 단절의 계기로서의 사건이 발생한다. 둘째, 주체가 미처 그 의미를 확정할 수 없었던 사건의 진실이 뒤늦게 밝혀져 주체에게 압력을 행사한다. 셋째, 진실의 압력 속에서 그 진실에 충실하기 위해 주체는 모종의 응답을 시도한다. 여기서 특히 중요한 것은 삼급이다. 이 단계에서 작가는 세계를 향해 그가 아껴둔 마지막 말을 건넨다.

− 신형철, 「정확한 사랑의 실험」, 마음산책, 2014.

이렇게 보면 영화 〈박하사탕〉 속 영호의 모습을 다시 생각해 볼 수 있을 것 같다. 〈박하사탕〉에서 보여준 한국 현대사의 비극들은 돌이킬 수 없는 사건들이었고, 그 사건들의 진실 속에서 영호는 계속해서 서툴렀다. 가해자이면서 동시에 피해자이지만 그의 응답은 성숙하지 못했던 것이다. 응답은 사회의 책임이기도 하지만 누구에게나 윤리(학)적으로 응답할 의무가 있음을 잊어서는 안 될 것이다.

•• 김군 ••

(강상우감독, 2018)

   영화 〈김군〉은 2015년 군사평론가 지만원에 의해 북한특수군 '제1광수'로 지목된 한 시민군의 사진 한 장이 단초가 된 작품으로, 그를 '김군'이라고 기억하는 시민들의 증언을 통해 5·18의 북한군 개입설에 대한 진실 공방을 파헤쳐가는 흥미진진한 공개수배 추적극이다. 5·18광주민주화운동에 대한 폄훼와 역사적 왜곡은 1995년 5·18특별법이 제정되고, 1997년 5월 18일이 법정기념일로 지정되는 등 온당한 역사 정립을 받았음에도 불구하고 여전히 현재 진행형의 사태다. 국가가 공식 정립한 역사임에도 불구하고 '북한의 사주에 의한 폭동'이라거나 '북한특수군이 잠입해 벌인 소요 사태'라는 등의 역사 왜곡, 진실 공방은 왜 종지부를 찍지 못하고 있는가. 영화 〈김군〉은 80년 5월, 사라진 신원미상의 한 청년의 행방을 5년간 쫓으며, 당시의 공간과 시간을 다각도로 재구성해낸다. 그 끝에서 결국 만나게 되는 진실은 역설적이게도 실제 5·18의 진상과 학살 책임 및 배후세력 등의 진실 규명이 끝나지 않았다는 사실. 그렇기에 39년의 공방이 계속되어 왔다는 점인지도 모른다. 강상우 감독은 광주에 살고 있는 사람들의 일상을 기록하는 작업 중에 만난 광주 시민 주옥 씨로부터 출발해 영화 〈김군〉을 만들기 시작했다. 주옥 씨는 80년 5월 임신 7개월의 몸으로 주먹밥을 만들어 항쟁에 나선 시민군들에게 나눠주었던 인물이다. 그런 그가 5·18민주화운동기록관 개관 당시, 자신이 주먹밥을 나누어줄 때 사용한 '양은대야'의 전시를 보러갔다가 한동네에 살던 청년의 사진을 목격하고, 이 내용을 제작진과 공유하면서 이는 영화 시작의 단초가 된다. 사진 속 인물은 아버지의 가게에 들락이던 '김군'이며 5·18 당시에도 무장한 그에게 주먹밥을 건냈던 기억을 상세하게 기억하고 있었다. 얼마 후 공교롭게도 그가 알아본 '김군'은 군사평론가 지만원으로부터 북한특수군 '제 1 광수'로 지목되었고, 상반되는 증언의 공방에 대한 호기심으로 사진 속 인물의 행방을 찾아 나서게 된 것이라는 후문이다. 그 사진은 1980년 5월 22일 당시 중앙일보 이창성 기자가 찍은 사진으로, 그는 당시의 상황을 "가다가 딱 저 사람이 있으니까 그냥 차를 세우라고 하고 사진부터 찍었다", "저 사람은 사진을 갑자기 찍으니까 기분이 나빠서 자신을 확 노려보는 거"라며 사진 속 '김군'과 눈을 맞췄던 당시의 순간을 생생히 떠올리고 있었다. 길게 늘어뜨린 탄환이 압도적인 기관총으로 무장한 인물이자, 가스차 위에 탑승해 시위대의 선봉에 서 다양한 사진을 남겼기에, 군사평론가 지만원에 의해 '제1광수'로 지목되게 한 바로 문제의 결정적 컷이기도 하다. 영화 〈김군〉은 역사가 기록하지 않은1980년 5월 시민군의 얼굴들을 기록하며, 5·18진실에 관한 실타래의 결정적 실마리를 쥐고 있는 의문의 사나이의 얼굴을 관객 눈앞으로 줌인한다. 사진 한 장으로 시작된 5·18진실 공방 〈김군〉은 스크린을 통해 그날의 모든 '김군'을 공개수배한다.

신영경프로듀서의 <김군> 제작기

우리는 구술 자료, 항쟁 사진과 영상, 89년 청문회 기록 영상, 국내외 언론 보도, 논문 및 연구서들을 수집하여 사진 속 단서들을 교차 검증해나갔다. 그리고 김군과 행적이 겹치는 시민군 선생님들을 만나기 시작했다. 그 과정에서 항쟁 이후 자취를 감춘 시민군 중에는 고아, 구두닦이, 넝마주이들이 많이 있었다는 사실을 알게 되었다. 가족이나 친척 등 연고가 없는 이들은 실종 상태에 있어도 신고되지 못했기 때문에 희생자 수 공식 통계에서 누락되어 있으며, 구술 채록 자료에도 거의 등장하지 않는다. 이들은 소문과 유언비어의 형식을 빌어 '갑작스러운 등장과 사라짐'의 서사로만 나타날 뿐이다. 넝마주의 청년 '김군'의 이미지가 국가폭력을 정당화하는 지만원에 의해 음모론의 아이콘으로 소비되는 것은 우연이 아닐 것이다. 국가의 공식 역사에서 제외된 시민군이 북한군으로 호출되는 역사 왜곡의 상황에서, 우리는 '김군 찾기'를 통해 유령으로서 징후적 독해의 대상이었던 사라진 시민군을 구체적인 몸을 가진, 증언하는 주체로 되돌려놓고 싶었다. 사진 속의 몇 가지 단서를 가지고 김군을 찾는 일은 생각만큼 쉽지는 않았다. 그러나 우리는 그 과정에서 몇 가지 유의미한 사실들을 알게 되었다. 제작진은 사진 속에 김군과 함께 등장하는 또 다른 시민군의 존재를 알아냈는데, 그는 백선보육원 출신의 '진영진'이란 이름을 가진 인물이었다. 80년 항쟁 이후 가족들과 연락이 닿아 광주를 떠났고, 중랑구에 살고 있다는 제보를 끝으로 그에 관한 단서를 얻지는 못했지만, 그를 찾는 과정에서 우리는 같은 보육원 출신의 또 다른 시민군 선생님을 만나 당시 보육원의 상황과 항쟁에 참여한 친구들의 이야기를 들을 수 있었다. 80년 5월 금남로에서 구두닦이를 하며 지냈던 서한성 선생님은 '혈혈단신의 몸으로 챙겨야할 가족이 없었기에 항쟁에 투신할 수 있었다'고 말한다. 오갈 곳 없는 친구들에게 방을 내어주고 밤새 투사회보를 만들며 항쟁에 참여했던 서한성 선생님은 보육원에서 형제처럼 지냈던 친구이자 시민군이었던 고 박용준의 기일을 해마다 챙기고 있었다. 다큐멘터리 <김군>은 시민군 선생님들의 도움이 있었기에 완성될 수 있었다. 김군을 찾는 과정에서 우리는 100여 명의 시민군 선생님들을 만났다. 선생님들은 김군 사진을 보며 정황을 설명해 주고 그를 찾는데 도움이 될만한 단서들을 알아봐주며 김군 찾기에 동참해 주셨다. 특히, 음모론의 허위성을 입증하는 방식이 스스로의 결백을 증명하는 방식으로 수렴될 때 우리는 함정에 빠지게 된다고 지적해주신 오기철 선생님과의 만남은 '김군 찾기'의 목적과 방향을 재점검하는 계기가 되었다. 시민군 선생님들과 만남을 통해, 우리는 짧지만 강렬했던 항쟁의 시간은 선생님들의 현재 삶에 불현듯, 그러나 너무나 자주 비집고 들어온다는 것을 알게 되었다. 그것은 정신적 트라우마와 신체적 고통으로, 살아남았다는 안도와 죄의식으로, 한없는 그리움으로 찾아온다. 그럼에도 불구하고 김군의 사진을 들여다보는 그들의 얼굴은 피로가 아닌 생에 대한 믿음과 열정으로 가득했다. 그것은 생명을 지켜내고 그것의 존엄함을 아는 얼굴이었다. 우리는 그 얼굴들을 기록한다. 그러면서 든 생각. 결국 우리는 '김군'을 경유해 이 얼굴들을 만나러 온 것이구나.

—————————————————— 차이나는 무비 pick

신여성의 <투비 오어 낫투비>(TO BE OR NOT TO BE)

(지갑은 텅 비었지만 지식은 충만한) 신여성은 광주민주화운동 당시 시민들에게 주먹밥을 건넸던 '주옥'(본인 분)을 '투비'로 선정했다. 영화 속 주옥의 인터뷰를 잠시 기억해보면 사진 속 '김군'이 '그때 우리 집에 가끔 왔다 갔다 했었던' 사람인 것 같다고 부모님과 이야기를 나누었다고 이야기한다. 주옥의 아버지(주대체 본인)는 당시 '왕대포시음장'을 운영했던 기억을 인터뷰하는데, 그때는 서로 누군지 알려고 하지도 않았고 '그냥' 잘해주는 그런 상황이었음을 이야기한다. '열심히 싸우더라도', '목숨은 살아있어야 하니까' 라는 그들의 말에서 당시 광주의 모습을 그리고 사람들의 마음을 엿볼 수 있는 것 같아 조금 더 주목받기를 바라는 마음에서 '투비'로 뽑았다.

책사의 <투비 오어 낫투비>(TO BE OR NOT TO BE)

(책을 사랑하는) 책사는 영화 속 '지만원'(본인 분)을 '낫투비'로 선정했다. 영화 속 인터뷰에서 자신의 '기하학적 분석'을 언급하며 광주민주화운동 당시 사진 속 인물들이 북한 특수부대라는 주장을 반복한다. 실제로 이러한 근거 없는 주장으로 인해 '명예훼손' 등의 이유로 집행유예 2년형 등을 선고받기도 하였지만 그마저도 법정구속이 아닌 형에 불과했다. '명예훼손'이란 말을 뛰어넘어 어떤 수식어로도 형용할 수 없는 만행을 저지르고도 뻔뻔히 인터뷰를 하는 모습에 '낫투비'로 뽑을 수 밖에 없었다. 이 분이 계속해서 이런 모습을 보일 수 있는 것은 아마도 영화 속 장면들처럼 그에 호응하는 세력이 있기 때문일 것이다. 이런 행위는 역사적 근거를 가지고 사실을 다루는 것이 아닌 올바르지 않은 정치적(경제적) 행위에 불과한 것이라고 할 수 있다.

꿈꾸미의 <투비 오어 낫투비>(TO BE OR NOT TO BE)

(이루고 싶은 꿈이 많아 잠도 많은) 꿈꾸미는 '투비'를 뽑았다. 바로 영화 감독이자 영화 속 인터뷰어로 등장한 '강상우' 감독이다. 이렇게 계속해서 이 사건을 기억하고 새롭게 조명하는 사람들이 많아져야 한다는 이유에서 '투비'로 선정했다.

자영업의 <투비 오어 낫투비>(TO BE OR NOT TO BE)

(자막달린 중국 영화는 필요 없는) 자영업은 '투비'로 인터뷰에 참여한 '오기철'(본인 분)을 '투비'로 뽑았다. 오기철의 인터뷰에서 참 많은 생각할 수 있기 때문이다. 당시 희생자 시신 관리를 했다는 이 분은 감독에게 사진 속의 사람을 찾는 것도 중요하지만, '우리 스스로가 이 놈을 찾아다니면서 이 놈 스스로를 증명한다는 것이 이해가 안'된다고, 그게 가짜라고 주장하는 사람들과 '똑같은 거 아닌가'라고 이야기한다. 이 이야기를 곰곰이 되새겨 보면 북한군이 들어와서 5·18민주화운동을 일으켰다는 극우들의 주장이나 또다시 이걸 반박하기 위해 증거를 찾아 나서는 모습은 일종의 존재 증명에 대한 '강박감'이 아닐까 생각하게 된다. 좌우를 떠나 우리는 계속해서 그분들이 겪은 아픔을 또 사건을 들추게 되고 이 과정에서 그분들을 도구적으로 대하지는 않았을까하는 반성을 하게 된다. 앞서 이야기한 것처럼 당사자들이 직접 주체가 되어 새로운 삶을 선택하고 이야기할 수 있어야 함에도 불구하고. '잠 재웠던 걸 다시 깨우는 거나 똑같은 거'라는 이 분의 인터뷰에서 우리는 계속해서 너무 피곤하고 지쳐 이제는 자고 싶은, 잠시라도 눈 감고 싶은 사람들을 (괴롭히듯) 깨운 것은 아닐까 고민하게 되는 인터뷰가 조금 더 조명받아 더 깊은 성찰을 할 수 있도록 바라는 마음에서 선정한 '투비'였다.

한강,『소년이 온다』, 창비, 2014.

이 소설은 5·18민주화운동 당시 중학교 3학년이던 '동호'의 이야기를 통해 당시의 상황과 그 이후를 이야기합니다. 책사가 가져온 이 책 드레싱에 신여성이 조금 더 소스를 얹어보았는데요, 이 책은 작가가 여러 해에 걸쳐 많은 인터뷰와 연구를 거친후 만들어낸 소설이라고 합니다. 그 이유로는 전라도 출신의 아버지(한승원 작가)의 영향, 광주에서 보낸 유년 시절에 대한 기억 등으로 5·18민주화운동에 대한 작가적인 부채의식이 있었던 것은 아닐까 생각합니다. 그래서인지 소설이지만 그 묘사는 마치 다큐멘터리처럼 세세하게 표현되어 있습니다. 읽고 나면 마음이 무거워지지만 한강 작가를 좋아하시는 분들이라면 혹은 소설을 좋아하시는 분들이라면 읽어보시는 것도 좋을 것 같습니다.

5·18의 상흔을 간직한 광주 금남로 '전일빌딩245'

전일빌딩245는 5·18민주화운동 40주년을 기념해 2020년 5월 11일 개관했다. 1980년 5·18민주화운동이 가장 격렬하게 벌어진 금남로에 위치한 전일빌딩245는 당시 계엄군의 헬기 사격 흔적이 남아 있기도 한 역사적인 건물이다. 리모델링을 통해 복합문화공간으로 재탄생했다. 탄환 흔적의 숫자인 '245'를 건물 이름으로 사용할 만큼 탄환의 흔적도 남긴 상태로 리모델링이 이루어졌고, 건물 내부에는 AR, VR 체험도 할 수 있고, 광주시민군을 상징하는 주먹밥도 먹을 수 있는 공간이 있다. 코로나19가 잠잠해져 우리가 자유롭게 여행할 수 있을 때가 온다면 '전일빌딩 245'에 가서 여러 체험들을 직접 해보고 또 광주에 대해서 다시 한번 생각해볼 수 있다면 좋을 것 같다.

김경자감독, <외롭고 높고 쓸쓸한>(2017).

〈외롭고 높고 쓸쓸한〉은 5·18민주화운동을 여성의 시각에서 여성을 주체로 하여 이야기한 작품이다. 〈김군〉에서 '주옥'처럼 주먹밥을 준비하고, 마스크를 준비하고, 풍물패 등에서 활동한 여성 시민군들의 이야기를 담은 것이다. 어떻게 보면 지금까지 5·18민주화운동을 다룰 때 남성 중심적 서사가 많았다는 것을 고려해본다면, 더 널리 알려졌으면 좋겠다는 생각이 드는 다큐멘터리 영화이다.

조슈아 윙 글, 함성준 옮김, 『나는 좁은 길이 아니다』, 프시케의숲, 2020.

홍콩은 2019년 '범죄인 송환법', 2020년 '국가보안법' 등으로 중국 정부와의 갈등과 마찰이 계속되고 있다. 2013년과 2014년으로 거슬러 올라가면 '우산혁명'도 있었던 만큼 홍콩은 영국으로부터의 반환 이후 중국 공산당과 계속해서 마찰을 겪고 있는 상태라고 할 수 있다. 그 속에서 조슈아 윙은 중학생 때부터 친구들과 '학민사조(學民思潮)'라는 그룹을 조직해 홍콩의 정체성을 지키려고 하였고 이후로도 지금까지 계속 학생 운동가이자 정치인으로 살아가고 있다. 참고로 '학민사조'는 당시 중국이 '국민교육지침'을 통해 홍콩 학생들의 교육을 중국 공산당의 입맛에 맞게 바꾸려고 하자 그것에 반대하기 위해 조직한 것이다.

『나는 좁은 길이 아니다』은 학민사조 활동부터 우산 혁명까지 겪으면서 조슈아 웡이 썼던 에세이를 모은 책이다. 여기서 '좁은 길'은 홍콩 광둥어 원어에서는 '소년'을 뜻한다. 번역 과정에서 직역하여 '좁은 길'로 옮긴 것이다. '더 이상 소년이 아니다'라는 책 제목처럼 조슈아 웡의 생각들은 페이지를 넘어갈수록, 조금씩 나이가 들어감에 따라 보다 성숙해지고 완고해지고 또 보다 논리적으로 성장하는 것을 느낄 수 있다. 홍콩에서도 '임을 위한 행진곡'이 불려지는 만큼 한국의 민주화 운동이 또 홍콩으로 연결되는 모습을 생각하며 읽어보시는 것도 좋을 것 같습니다.

홍콩에서 울려퍼진 '님을 위한 행진곡'

2012년 중국 베이징 외곽의 농민공들의 공동체 마을 피촌(皮村)에서 열린 새해맞이 무대에서 농민공 밴드가 '님을 위한 행진곡'을 불러서 화제가 되었다. 농민공 밴드는 자신들의 상황에 맞게 가사를 바꿔 불렀는데, '우리의 권리를 우리가 스스로 쟁취'하고, '노동하는 사람이 가장 영광'스럽다는 내용으로, 즉 노동자의 목소리를 높이는 내용으로 개사했다.

황석영, 『오래된 정원』, 창비, 2007.

'김군'을 포함해 자신의 삶에서 치열하게 그 시대를 살아간 사람들의 이야기들이 노래로 소설로 또 영화로 기록되고 전파되는 것은 언제나 의미가 있는 것 같다. 앞으로 더 많은 예술가들이 이러한 이야기를 발굴하고 또 그것을 자신만의 언어로 창작해내기를 바라는 마음을 담아 황석영의 소설 속 한 구절을 소개한다. 인용문은 5·18 민주화운동에 참여했던 한 공장 노동자가 무참히 삶이 짓밟힌 사람들을 추억하는 장면의 한 대목이다.

"사는 조건이 지식인 나부랭이들보다 훨씬 열악했던 그들은

잊혀지고 저희 혼자서들 감당하며 고난을 견디었지만

나중에는 아무도 그들을 기억하지 않게 되었다.

그렇지만 어느 누군들 잊을 수 있으랴.

그들의 넉넉한 따뜻함과 시대 속에서

잊혀지고야 말 익명에도

당당했던 청춘을"

                              - 황석영, 「오래된 정원」中

•• 1987 ••

(장준환감독, 2017)

"책상을 탁! 치니, 억! 하고 죽었습니다"

1987년 1월, 경찰 조사를 받던 스물두 살 대학생이 사망한다. 증거인멸을 위해 박처장(김윤석)의 주도 하에 경찰은 시신 화장을 요청하지만, 사망 당일 당직이었던 최검사(하정우)는 이를 거부하고 부검을 밀어붙인다.

단순 쇼크사인 것처럼 거짓 발표를 이어가는 경찰. 그러나 현장에 남은 흔적들과 부검 소견은 고문에 의한 사망을 가리키고, 사건을 취재하던 윤기자(이희준)는 '물고문 도중 질식사'를 보도한다. 이에 박처장은 조반장(박희순)등 형사 둘만 구속시키며 사건을 축소하려 한다. 한편, 교도소에 수감된 조반장을 통해 사건의 진상을 알게 된 교도관 한병용(유해진)은 이 사실을 수배 중인 재야인사에게 전달하기 위해 조카인 연희(김태리)에게 위험한 부탁을 하게 된다.

영화 <1987>은 한 젊은이의 죽음이 어떻게 역사의 물줄기를 바꾸는 거대한 흐름으로 확장되었는지, 1987년을 뜨겁게 살아갔던 사람들의 이야기에 주목한다. 기록 속에 박제되기에는 너무나 생생한 사람들의 드라마로 가득 차 있고 오늘의 한국 사회의 주춧돌을 놓은 뿌듯하고 소중한 기억이기 때문이다. 그 지점에서 영화 <1987>은 시작되었다. 졸지에 시신으로 돌아온 스물두 살 아들을 차갑게 얼어붙은 강물 속에 흘려 보내야 했던 한 아버지의 슬픔에서 1987년의 시간은 시작된다. 골리앗같이 강고한 공권력의 상징과도 같은 대공수사처장(김윤석), 화장동의서에 날인을 거부한 검사(하정우), 진실을 보도한 기자(이희준), 막후에서 진실이 알려지는데 기여한 교도관(유해진)과 무모해 보이는 선택을 하는 이들을 숨죽이며 지켜보던 평범한 대학생(김태리), 이밖에 박처장의 명령을 받들다 더 큰 목적을 위해 수감되는 대공형사(박희순) 등 각자 다른 위치에서 부딪히고 맞물리며 한국 현대사에서 가장 드라마틱했던 격동의 6월로 완성된다. <1987>은 실재했던 이들의 드라마가 가진 생생함에 덧붙여 그들이 겪었을 법한 사건과 감정의 파고를 손에 잡힐 듯 따라가며, 그들 중 한 명이라도 다른 선택을 했다면 6월 광장의 시간은 불가능했을 수 있다는 걸 보여준다. 또한 숨죽였던 이들의 용기가 지닌 가치를 드라마틱하게 묘사하며 오늘을 살아가는 우리들에게 묵직한 울림을 전한다.

영화 속 '6월 항쟁'과 민주화 운동

6월 항쟁은 1987년 1월 박종철 고문치사 사건을 계기로 6월 29일까지 전국적으로 벌어진 반독재, 민주화 운동으로 6월 민주항쟁, 6·10 민주항쟁, 6월 민주화운동, 6월 민중항쟁 등으로 불리기도 한다.

박종철 고문 치사 사건과 4·13 호헌 조치, 그리고 이한열이 시위 도중 최루탄에 맞아 사망한 사건 등이 도화선이 되어 6월 10일 이후 전국적인 시위가 발생하였다. 이에 6월 29일 노태우의 수습안 발표로 대통령 직선제로의 개헌이 이루어졌고, 1987년 12월 16일 직선제 대통령 선거가 치러졌다. 6월 항쟁은 대한민국의 민주화에 큰 영향을 주었고 사회운동이 비약적으로 성장하는 효과를 가져왔다.

박종철 고문치사 사건

서울대학교 언어학과 3학년에 재학 중이던 박종철은 1987년 1월 13일 자정 경 하숙집에서 치안본부(現 경찰청) 대공분실 수사관 6명에게 연행되었다. '대학문화연구회' 선배이자 '민주화추진위원회' 지도위원으로 수배 받고 있었던 박종운을 잡기위해 연행한 것이였다. 취조실에 연행해간 공안 당국은 박종철에게 박종운의 소재를 물었으나, 박종철은 순순히 대답하지 않았다. 이에 경찰은 잔혹한 폭행과 전기고문, 물고문 등을 가하였고, 박종철은 끝내 1987년 1월 14일 치안본부 대공수사단 남영동 분실 509호 조사실에서 사망했다. 11시 45분 경 중앙대 용산병원으로 옮겨졌는데 의사가 검진했을 당시 이미 숨져 있었다. 그러나 당시 정부는 고문으로 사망했다는 사실을 은폐하기 위해 '책상을 탁 치니 억 하고 쓰러졌다' 라고 사망원인을 발표하였다.

2월 7일 전국 주요 도시에서 "박종철군 범국민추도식" 및 도심 시위가 열렸고, 이어 3월 3일에는 "박종철군 49재와 고문추방 국민대행진"과 함께 또 다른 시위가 열렸다. 이후 4월 2일 서울 대학교 학생들의 학부모 130여 명이 건국대학교 사태 등 시국 관련 구속학생의 징계철회를 요구하며 철야 농성을 벌였다. 하지만, 전두환은 그들의 요구를 들어주지 않았다. 1987년 4월 13일, 그는 '대통령 특별담화'를 발표, 개헌(改憲) 논의를 유보하겠다고 밝혔다. 이후 전두환은 대통령 선거인단 선거와 대통령 선거는 1987년 내에 공정한 선거관리를 통해 자유 경선의 분위기가 보장되는 가운데 차질없이 실시할 수 있게 모든 노력을 다할 것이라고 다짐했으며, 또 민정당의 후임 대통령 후보는 조속한 시일 안에 국민의 지지를 받을 수 있는 인물 가운데서 당헌 절차와 민주 방식에 따라 전당대회에서 선출되도록 할 것이라고 말했다. 하지만, 이는 '호헌 조치'라는 그 이름대로 현행 헌법에 따라 권력을 이양한다는 것이었다. 그들은 국민들의 큰 기대를 얻을 것이라 믿었으나, 기대는커녕 오히려 반발을 가져오는 요인이 되고 말았다. 곧바로 이튿날인 4월 14일 천주교 김수환 추기경 등 각계 인사들이, 호헌 조치를 비판하는 시국 성명을 발표하기에 이른다.

이한열 사망 사건

5월 18일 명동성당에서 광주항쟁 7주년 미사에 정의구현사제단 김승훈 신부가 박종철 고문 치사 사건이 경찰에 의해 축소·은폐되었음을 폭로하였다. 이에 제5공화국 정권을 비판하던 국민들은 전두환 군사독재정권의 옳지 못함에 크게 분노하였고, 이후 민주화를 요구하는 시위가 전국에서 자주 일어났다. 이후 5월 23일 "박종철 고문살인은폐조작규탄 범국민대회 준비위원회"가 결성되었고, 이들은 6월 10일에 규탄대회를 갖기로 결정하였다(그날은 노태우가 민정당 대선 후보로 선출된 날이기도 하다).

전두환은 후계자로 국무총리 노신영을 지명했으나, 5월 26일 고문치사사건에 대한 책임을 물어 노신영 국무총리를 경질하였다. 이후 이한기를 신임 총리로 교체하였다. 이튿날 전국의 재야지도자 2200여 명이 함께 "민주헌법쟁취국민운동본부"를 결성하였고, 한국 기독교 장로회 향린교회에서 발기인 대회를 열었고, "호헌 조치 철회 및 직선제개헌 공동쟁취 선언"을 발표하였다. 6월 9일 연세대학교 학생인 이한열이 학교 앞 시위 중 경찰이 쏜 최루탄에 맞아 부상(7월 5일 사망)을 입었다.

영화 〈1987〉은 실제 사건과 실존 인물들의 이야기에 기초하고 있어 이 이야기를 어떻게 진정성 있게 화면에 담을 것인가에 많은 중점을 두었다. 제작진은 스펙터클을 강조하는 시네마스코프 화면 비율보다는 역사적인 사건의 진실을 대하는 느낌을 담아내기 위해 익숙한 화면 비율인 1.85:1을 선택하고, 사실적인 접근으로 시작해 드라마틱한 순간을 담아내기 위한 노력을 하였다. 영화의 전반부는 필름 영화가 주를 이뤘던 80년대 시절에 나온 칼 자이즈 하이 스피드 렌즈를 호환해서 사용하고, 다큐멘터리에 가까운 사실적인 접근을 위해서 핸드헬드 촬영으로 인물의 감정을 놓치지 않았다. 김우형 촬영 감독은 마치 카메라로 연기를 하듯이 배우의 호흡, 눈빛, 고개 돌림 하나 하나를 배우와 같이 호흡하면서 매 순간 느껴지는 감정들, 타이밍을 담아냈다. 또한 인물들과 매우 근접한 상태에서 감정선을 깊이 있게 담아내고자 망원 줌과 접사 렌즈를 통해서 카메라가 물리적으로 대상에 접근하는 전통적인 촬영 방법을 많이 사용하였다. 사실적인 접근으로 시작한 〈1987〉은 점점 많은 인물들이 쌓여가면서 드라마의 따뜻한 온기가 가미된 톤으로 변하게 된다.

87년 고증과 재현

장준환 감독과 제작진은 그 시절을 겪었던 관객들이 영화를 봤을 때, 당시를 회상하고 감동 받을 수 있기를 바랐고, 1987년의 모습 그대로를 재현하고자 했다. 제작진은 수천 장이 넘는 자료를 찾으면서 최대한 리얼하게 강박처럼 고증을 지키기 위한 노력을 했다. 1980년 후반의 모습은 거의 남아있지 않기 때문에 45,000평의 부지에 오픈 세트를 지었고, 뜨거운 열기가 하나로 모였던 연세대학교 정문부터 시청 광장, 명동 거리, 유네스코 빌딩, 코리아 극장 등을 되살려냈다. 건물의 사이즈부터 건축 자재 하나까지도 실제 당시에 사용되었던 소재를 사용했고, 국내에서 구하기 어려운 소재들은 해외 루트를 통해 수급하는 등 최대한 리얼리티 그대로를 보존하기 위해 애썼다. 고증이 어려운 경우, 공간과 인물의 분위기에 맞춰 미술적인 재해석을 가미했다. 대공수사처 박처장실은 그의 카리스마와 권위가 느껴지는, 압도적인 분위기가 인상적인 공간으로 만들어졌다. 또한 남영동 고문실은 비교적 보존이 잘 되어있었지만 복도나 기타 공간들은 외적으로 많이 바뀌어 있었다. 고문실 벽 타공판의 타공 위치부터 욕조, 세면대, 선반까지 흡사하게 재현해냈고, 남영동에서 실제로 사용했던 문서, 작은 서체까지도 섬세하게 구현하며 공간이 주는 분위기, 작은 공기 하나까지도 놓치지 않았다. 〈1987〉의 공간 중 가장 리얼리티가 돋보이는 곳은 바로 명동성당이다. 실제 각종 집회와 민주화를 촉진하는 성명서가 발표되었던 명동성당 내부에서의 촬영이 한국 영화 사상 최초로 허가되었고, 우리 역사의 한 부분을 스크린에 생생하게 담아낼 수 있게 되었다.

의상과 분장의 디테일

1987년을 배경으로 한 〈1987〉은 불과 30년 밖에 지나지 않은 과거이기에 그 시대를 기억하는 사람들의 눈에 어색하지도, 너무 튀지도 않는 자연스러운 모습을 보여주는 것이 가장 큰 미션이었다. 채경화 의상 감독은 지금의 우리가 사진으로 보는 87년의 옷들은 과거의 옷이지만 그 시대의 사람들에게는 새 옷이었을 수 있다는 점에 포인트를 두고 준비했고, 비슷한 직업 군으로 묶인 캐릭터 군단의 특징이 잘 살아날 수 있도록 군단 별 콘셉트를 잡아 〈1987〉의 의상을 만들어냈다.

대공수사처의 대표 캐릭터인 박처장(김윤석)은 장준환 감독이 원하는 건장하고 큰 산 같은 느낌을 살리기 위해 실제보다 더 커 보이게 만드는 것을 목표로, 옷 속에 패드를 넣어 어깨와 전체적인 몸집을 많이 커 보이게 했다. 대공수사처에 맞서는 최검사(하정우)는 옅은 베이지 등의 따뜻한 컬러를 살리고 루즈한 핏으로 80년대 옷의 자연스럽고 편안한 느낌을 주어 검사라는 직업적 특성을 살리되, 딱딱한 검사보다는 따뜻한 검사라는 느낌에 초점을 맞추었다. 평범한 시민의 대표 캐릭터 연희(김태리)는 연약한 느낌을 배제하고 여성스러우면서도 보이쉬한 느낌을 살렸다. 중간중간 컬러감을 주며 포인트를 살리되 다른 사람들과 섞였을 때 크게 튀지는 않도록 구상했다. 또한 지금은 사라졌지만 그 당시 전투경찰(전경) 안에서 무술 고단자들로 구성된 특수한 조직, 백골단의 의상은 그들이 유니폼처럼 입고 다닌 스노우 진과 청자켓으로 통일해, 그 청자켓을 보면 사람들이 엄청난 공포를 느끼면서 도망갈 수밖에 없었던 무시무시한 존재로서의 모습을 표현했다.

분장 또한 얼마나 실제와 가깝게 표현하는지가 관건이었다. 장준환 감독은 실제 인물과 최대한 비슷한 배우들을 캐스팅했다. 그 덕에 분장팀은 고증에 대한 고민과 부담을 덜 수 있었다. 분장을 맡은 황현규 실장은 배우들이 그 시대 사람처럼 연기하는 것도 중요하지만 외모가 87년의 사람 같아야 한다는 것이 가장 중요하다고 생각해 분장 콘셉트를 잡았다. 〈1987〉은 한 사람이 처음부터 끝까지 끌고 가는 영화가 아니기 때문에 인물이 바뀔 때마다 이 사람이 누구인지를 빠르고 명확하게 전달하는 것 또한 중요한 포인트라고 생각했고 그 점에도 특별히 신경 썼다.

관련 자료

6월 항쟁 공식 홈페이지

https://www.610.or.kr/board/book/page/1

4장

미완의 근대,
남겨진 과제

#9. 서울에서 평양까지 택시요금 5만원

•• 송환 ••

(김동원감독, 2003)

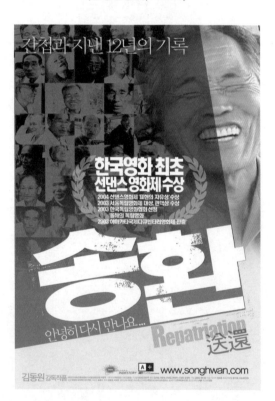

1992년 이른 봄, 김동원 감독은 비전향 장기수 김석형, 조창손 선생을 관악구 봉천동 '주민의 집'으로 모셔온다. 감독은 두 선생을 통해 여러 장기수 선생들과 가까워지지만, 그 과정에서 가끔 이념의 벽을 느끼기도 하고, 카메라는 불청객이 되기도 한다. 1999년 2월, 김대중 정권 취임 1주년 즈음, 사상 최대 규모의 비전향 장기수들이 석방되고, 김영삼 정권 때부터 간간이 일던 송환 문제가 다시 현안으로 떠오른다. 1999년 말, 송환추진위원회가 결성되고, 송환을 희망하는 모든 비전향 장기수를 대상으로 본격적인 송환 운동이 시작된다. 2000년 9월 2일, 송환 반대 여론과 정부의 과도한 검문으로 마찰이 일기도 하지만, 장기수 선생들은 촬영팀과 여러 이웃의 배웅을 받으며 북으로 송환된다. 이후 영화를 편집하던 중, 감독은 북에서 만든 책자와 비디오 자료를 통해 선생들의 소식을 접한다. 조창손 선생을 다시 만나고픈 감독은 2001년 8월 15일 평양에서 열리는 통일축전 행사에 참가 자격을 얻는다. 그러나 출발 전날, 국가보안법 위반 혐의로 그의 평양행은 취소되고, 감독은 후배에게 조 선생을 만나 안부를 전해달라며 카메라를 맡긴다. 후배가 찍어온 영상 속 조 선생과 다른 선생들은 매우 행복해 보인다. 어렵게 찍은 조 선생의 인터뷰에서 그는 김동원 감독을 아들처럼 생각했다고 말하고, 감독은 "조 할아버지가 보고 싶다"는 말로 영화를 맺는다.

한국 기록영화를 대표하는 푸른영상의 김동원 감독은 다큐 1세대라 불리며 한국 현대사의 질곡에 강력한 이슈를 제기, 영화적 양심의 목소리를 명징하게 들려주는 작품들을 내놓았다. 그동안 김동원 감독을 포함한 한국의 다큐멘터리 작가들은 사회적, 정치적인 불행이 어떻게 개인의 아픔으로 구체화 되었는지에 대한 진솔한 문제제기를 하면서, 가공되지 않은 진실한 감동의 순간들을 포착해왔다.

1992년 당시, 빈민촌 안으로 들어가 도시빈민의 삶을 조명하고 있던 김동원 감독이 우연한 기회로 2명의 비전향장기수를 만나며 시작된 영화 〈송환〉은, 이제 삶 자체가 한 편의 다큐멘터리가 된 듯한 김동원 감독의 다큐멘터리스트로서의 10년이 넘는 고민과 실천이 그대로 담겨 있는, 그의 필모그래피와 한국 다큐멘터리 영화사를 통틀어 가장 중요한 역사적인 작품임에 틀림없다. 또한 이 작품은, 〈낮은 목소리〉, 〈숨결〉, 〈밀애〉를 연출한 변영주를 비롯, 푸른영상의 대표적 작가인 김태일, 오정훈 감독 등이 함께 참여한 명실상부한 총체적 프로젝트라 할 수 있다.

국내 최초 오테르 다큐(Auteur Documentary)

〈송환〉은 국내 최초의 본격적인 오테르 다큐이다. 전 세계적인 사적 다큐멘터리의 열풍과 함께 부각되기 시작한 오테르 다큐는, auteur가 '작가'를 의미하는 것에서 알 수 있듯이 감독의 시선이나 주관이 직접적으로 드러나는 다큐멘터리라 할 수 있다. 다시 말해서, 다큐멘터리의 선전, 교육적 기능보다는 감독과 대상이 맺는 관계에 초점을 맞추며 거기서 빚어지는 감독의 심리나 가치관의 변화가 솔직하게 보여지는 것이다. 이러한 방식은 집단보다는 개인의 변화가 우선되어야 한다는 신념에서 비롯됐고, 보는 이들로 하여금 보다 직접적인 감동을 느끼게 해 준다.

〈송환〉은 김동원 감독의 나레이션이 영화 전체에 깔려 있는, 자기 고백과도 같은 다큐멘터리이다. 처음 간첩을 만났을 때의 낯섦과 두려움, 그들과 친해지면서 겪는 갈등, 그리고 이별의 안타까움 등이 감독의 목소리와 함께 솔직하게 드러나고 있다. 의도적인 극적 구성이 있는 것도 아니고 유명 배우가 출연하지도 않지만, 다큐멘터리가 강력한 힘을 발휘할 수 있는 건 바로 사실의 기록이란 점이다. 〈송환〉에는 실제 남파 공작원들이 등장한다. 어릴 적 반공 교육을 통해 무시무시하게 그려졌던 간첩들. 하지만, 그들 역시 남북 분단의 희생양이자 고향으로 돌아가려는 귀소 본능을 지닌 평범한 인간이다. 무의식적으로 박혀 있던 고정관념이 별다른 부연 설명 없이도 극복되는 것, 그것이 바로 다큐멘터리에 담긴 진실의 힘이다.

비전향장기수는 사상전향을 거부한 채 수십년간 복역한 인민군 포로나 남파간첩, 조작간첩 등을 말한다. 이들은 형법 제98조 '간첩죄'를 적용 받거나 국가보안법, 반공법, 사회안전법 등에 의해 7년 이상의 형을 선고받고 복역하면서도 전향하지 않은 장기구금 양심수이다. 출소공산주의자, 미전향좌익수, 비전향장기수, 장기복역양심수 등의 용어가 혼용돼 쓰여왔으나 정부는 지난 99년 3월 이같은 용어들을 '출소간첩 등 공안사범'이란 용어로 통일, 사용을 권장해 왔다. 당시 정부는 지난 98년 7월 남파간첩 등에 대한 '전향제도'를 폐지한 만큼 비전향이란 표현과 용어는 부적절하며 또 더이상 수감된 상태가 아니니 '장기수'란 표현도 적절치 않다는 논리였다. 하지만 일반적으로 '비전향 장기수'라는 말이 쓰여왔고 6.15 남북 공동선언 이후에는 합의문에 표기된대로 비전향 장기수라는 표현을 병행해서 사용하고 있다.

비전향장기수는 전체 102명이었고, 1993년 3월 이인모 노인이 장기수 최초로 북측에 인도되었다. 이후 2000년 6·15 남북 공동선언과 남북 적십자회담에 따라 2000년 9월 북한행을 희망하는 비전향장기수 63명이 북측에 송환되었다. 한편 정부는 이제 더이상 비전향장기수가 없다는 입장이지만, 권위주의 정권 시절 공안 당국에 의해 강제로 전향서를 썼던 30여명이 송환을 요구하고 있으며, 북한도 이들의 추가 송환을 요구하고 있다. 비전향장기수는 시기별, 유형별로 다음과 같이 분류된다.

① 해방이후와 6.25전쟁시기의 빨치산 및 인민군 포로
② 6.25이후 북에서 남파된 정치공작원
③ 남한내 자생적 반체제 운동가 출신
④ 조작간첩사건 연루 인사

이들은 국방경비대법이나 반공법, 국가보안법으로 10년 안팎의 형을 선고받은 뒤 60년대를 전후해 풀려났다가 75년 사회안전법이 제정되면서 보안감호분을 받아 재수감돼 평균 30여년 가량 감옥생활을 보냈다.

비전향장기수는 1980년대 후반 노태우 정부 때부터 석방되기 시작해 1999년말 신광수(72), 손성모(71)옹이 특별 가석방됨으로써 모두 출소했다. 짧게는 15년, 길게는 43년까지 복역한 후 출소한 이들은 남한에 가족이 있어 개별적으로 거주하는 경우를 제외하고는 대부분 서울 갈현동 `만남의 집', 제기동 `민중 탕제원', 봉천6동 `만남의 집' 등에서 공동체 생활을 하고 있다.

2020년 12월 7일 새벽, 전북 마지막 비전향장기수 오기태씨(본명 장재필)가 별세했다. 향년 88세.

고인은 전남 신안군 임자도에서 3남 2녀 중 둘째로 태어났다. 18살 때까지 고향에서 농사일을 했다. 한국전쟁이 일어나자 빨치산 활동을 하고 있던 형의 권유로 의용군에 입대했다. 3년 내내 전투를 치르며 죽을 고비를 여러 번 넘겼다. 전쟁이 끝나고도 한동안 군에 남았다. 1957년 군을 제대한 후 김외식씨(86)를 만나 결혼했다. 한반도 최북단인 함경북도 온성군에 자리를 잡았고 4남매를 두었다. 군 인민위원회에서 일하던 선생은 1969년 중앙당에 소환돼 대남공작원으로 남파되었다.

남파 당시 큰아들이 국민학교 1학년이었고 넷째가 아내의 뱃속에 있었다. 전남 보성 율포 해안으로 침투한 선생은 4개월간 노동자들의 동태를 파악하는 임무를 맡았다. 임무를 마치고 돌아가는 길에 발각돼 교전이 벌어졌다. 결국 선생은 생포되었다. 무기징역을 받고 광주와 전주교도소 등에서 복역했다. 전쟁과 체포 과정에서 죽을 고비를 넘겼던 선생은 수감 중에도 생사에 갈림길에 서야 했다. 선생은 밤낮으로 이어진 모진 고문을 끝내 견디지 못했다. 결국 전향서에 도장을 찍을 수밖에 없었다.

이후 21년을 복역한 후 1989년 크리스마스 특사로 풀려났다. 출소 후 4년만에 몰래 고향마을을 찾았다가 아버지와 형님이 총살당했다는 소식을 전해 들었다. 감옥에서 나온 선생은 전주를 떠나지 않았다. 건설현장에서 막일을 하며 간신히 생계를 이어갔다. 1997년 IMF 외환위기가 터지자 '일꾼쉼터'를 만들어 집 없고 가족이 없는 노숙인들을 돌보면서 지냈다.

2000년 6·15남북공동선언 합의에 따라 63명의 비전향장기수들이 판문점을 넘어 북으로 송환됐지만 오씨는 전향을 했다는 이유로 명단에서 빠졌다. 이후 '고문과 강압에 의한 전향은 무효'라며 전향 철회를 선언한 후 줄곧 2차 송환을 기다려왔다. 이후 선생은 전북 전주의 한 임대아파트에서 혼자 살며 새벽 5시면 어김없이 일어나 운동을 다녔다. 북으로 돌아가는 날을 대비해 느린 걸음이지만 걷고 또 걸었다. 그러면서 북에 두고 온 자식들의 이름을 되뇌었다. '춘자, 정자, 성일'이다. 당시 아내의 뱃속에 있던 막내는 이름도 짓지 못하고 내려왔다.

2005년 11월 선생은 또 한 번 죽을 고비를 맞았다. 급성폐렴으로 쓰러져 중환자실에서 열흘이 넘도록 사경을 헤맸다. 당시 언론에서도 선생의 상황을 크게 보도했다. 고비를 넘기고 병원에서 나온 선생은 2008년에는 대장암 수술까지 받았다. 2018년 경향신문과 마지막 인터뷰에서 오씨는 "북에 두고 온 코흘리개였던 아이들이 어느새 환갑을 바라보는 나이가 됐다. 죽기 전 그 아이들 얼굴이라도 볼 수 있다면 여한이 없을 것 같다"며 마지막까지 재회의 꿈을 포기하지 않았다.

정지윤, '님아 그 강을 건너지 마오.. 막내 아들 이름도 모른 채 세상을 떠난 비전향장기수 오기태 선생', 《경향신문》, 2020.12.07.
정지윤, '가족 재회 꿈 끝내 못 이루고... 비전향장기수 오기태씨 별세', 《경향신문》, 2020.12.07.
김도우, '1만8,600날 기다려 온 당신이... 비전향장기수 오기태씨 별세', 《파이낸셜뉴스》, 2020.12.08.

●● 강철비 ●●

(양우석감독, 2017)

〈강철비〉는 북한 내부 쿠데타가 발생하면서 시작된다. 개성공단에서 떨어진 강철비로 북한 1호가 큰 부상을 입고 생사를 넘나든다. 쿠데타 세력을 제거하라는 정찰총국의 지령을 받고 현장에 잠복했던 엄철우는 다연발 로켓 포탄에 맞아 생명이 위독한 북한1호와 함께 남한으로 탈출한다. 붉은 꽃을 들고 모여든 열렬한 환영 인파들 사이로 다연발 로켓에서 분사한 폭탄들이 비처럼 쏟아져 내린다. 동시다발적으로 스러지는 사람들의 모습은 우리가 가장 두려워하고 피하고 싶은 전쟁을 앞당겨 보여주는 듯한 장면이다. 관객들은 순식간에 초토화가 된 개성공단의 모습을 천천히 훑으며 붉은 색 옷을 입고 붉은 색 꽃술을 들었던 이들이 꽃잎처럼 스러진 현장을 목도하게 된다. 어떤 명분도 통하지 않는 평범한 사람들의 비참한 죽음은 영화의 메시지가 '한반도의 평화'임을 선명하게 드러낸다. 보여준다. 영화 〈강철비〉는 판문점 선언에서 남북 정상이 합의한 한반도의 평화와 통일에 대한 염원과 실천 의지를 미리 보여준 프리퀄(Prequel)이라고 할 수 있다. 북한 최정예요원 출신 엄철우가 남한의 청와대 외교안보 수석 곽철우가 북한 1호를 지키고, 핵전쟁의 위협을 막아내는 설정은 2018년 4월 28일 전 세계가 목격한 남북 정상의 만남과 대화를 통해 탄생한 판문점 선언의 프리퀄로 손색이 없다. 이를 뒷받침하는 흥미로운 대목은 영화의 시작이 대선 출구조사 결과가 발표된 시점이라는 점이다. 〈강철비〉에서 새로운 대통령 당선인 김경영이 전쟁을 반대하면서 대화와 협력을 강조하는 설정은 판문점 선언이 우연의 옷을 입은 필연의 산물이라는 것을 떠올리게 한다.

──────────── | 영화 제목에 담긴 의미

    2017년 12월에 개봉한 영화 〈강철비〉는 판문점 선언의 기조를 북한의 구데타 발생이라는 극적인 상황을 통해 표현한 영화이다. 〈강철비〉의 원작은 양우석 감독이 2011년 연재했던 웹툰 〈스틸레인〉이다. 〈강철비〉의 영어 제목이기도한 Steel Rain은 엄청난 파괴력을 지닌 다연장로켓 MLSR의 별칭이다. MLSR은 Multiful Launch Rocket System의 약자로 재래식 무기 중 가장 살상력이 크다고 알려져 있다. MLSR은 폭탄 안에 수십 개에서 수백 개의 폭탄이 들어있는 집속탄(集束彈, cluster bomb)으로 한 번의 포격으로 축구장 3배 면적을 초토화시키는 파괴력을 지니고 있다. 하늘에서 포탄이 비처럼 쏟아져 내린다고 하여 붙여진 별칭 '강철비'는 영화에서 강력한 공격과 살상의 무기이자 남과 북의 대치를 하나의 실타래로 엮어주는 중요한 모티브로 등장한다.

같은 이름, 다른 시간을 살아온 두 주인공은 한민족의 자화상

뜻하지 않은 돌발 상황으로 남한에 온 엄철우는 쿠데타 세력의 집요하고 무자비한 공격으로부터 북한 1호를 구하기 위해 병원을 찾았다가 청와대 외교안보 수석 곽철우를 만난다. 북한 1호의 무사귀환을 약속하며 같은 이름을 지닌 두 철우는 특별한 관계맺기를 시작한다. 북한에서 넘어온 쿠데타 군의 기습 공격에서 위기를 모면한 두 사람은 함께 잔치국수를 먹고, GD의 노래를 듣는다. 아재 개그를 하며 웃는가 하면 같은 이름을 신기해하며 한자 풀이를 한다. 쇠 철(鐵)에 동무 우(友)자를 쓰는 북한의 철우와 밝을 철(哲)에 집 우(宇)자를 쓰는 남한의 철우. 두 사람의 이름은 Steel Rain 이라는 영어 제목을 그대로 옮겨 놓은 듯하다.

두 주인공 철우에 대해 양우석 감독은 한반도의 전쟁 위협과 북핵 문제는 우리가 당면한 현실이고, 우리 스스로 풀어가야 할 과제라는 점에서 우리를 둘러싼 위협과 역사적 책무를 동명이인이라는 설정으로 표현했다고 밝힌 바 있다. 두 명의 철우와 마찬가지로 북한을 바라보는 상반된 시각을 지닌 현직 대통령과 당선인 역시 감독의 동일한 시선을 재현한 인물이다.

"두 대통령은 북한을 바라보는 우리의 무의식을 표현하기 위한 설정이다. 우리가 70년 동안 북한은 주적인 동시에 통일해야 하는 곳으로 배워왔다. 영화를 본 분들이 대통령 이의성(김의성)과 당선인 김경영(이경영) 모두 옳다고 생각하는 것 같다. 이데올로기로 양분된 인물이 아니라, 픽사-디즈니 애니메이션 〈인사이드 아웃〉(2015)의 기쁨이와 슬픔이 같은 일종의 무의식이라고 생각했다."

두 철우의 우정이 조금씩 깊어져 갈 무렵, 북한은 개성공단 폭격을 미국과 남한의 소행으로 간주하고 정전협정 철회와 선전포고를 선언한다. 북한의 선전포고에 대응하는 미국의 입장은 핵 선제 타격이다. 청와대 참모들과 미 국무장관의 화상 대화 장면에서 미국은 핵탄두 탑재 미사일 B-52를 발포하여 DMZ와 평양을 초토화시킬 계획을 발표한다. 이에 대한 한국 정부의 대응은 강경 대응을 찬성하는 현직 대통령과 전쟁을 반대하는 차기 대통령의 시각으로 대립한다. 이 장면에서 선제 타격에 따르는 비용 분담을 제시하는 미 국무장관의 대사는 분단으로 이익을 얻는 건 우리가 아닌 '그들'이라는 엄연한 현실을 환기시킨다.

"북한이 핵을 쓰기 전에 선제 타격을 하면 한미연합군의 사상자는 제로 사태안정화 플랜까지 3천억 달러로 가능하고, 한국 정부가 2천 5백억 달러를 부담하면 나머지 5백억 달러를 미국이 부담한다."

이 장면에서 1991년 걸프전 당시 미국이 이라크군을 공격할 때 사용했던 무기가 MLSR이라는 점을 떠올리게 된다. 살상무기의 최고 가치는 누군가를 살리는 것이 아니라 단 하나의 생명도 용납하지 않는 완벽한 파괴에 있다는 점이다. 영화에서 엄철우는 북한의 핵무기가 남한을 공격하고 미군을 위협하는 강력한 수단이라고 강조하고, 이에 대해 곽철우는 다음과 같이 응대한다.

"분단국가 국민들은 분단 그 자체보다 분단을 정치적 이득을 위해 이용하려는 자들에 의하여 더 고통 받는다"

영화에서 현직 대통령이 미국의 선제 타격을 승인한 후 한국에서 출국하는 중국 국가 안전부 한국총책 리홍장은 조선족 출신 관료다. 중국 관료로서 한미동맹을 강하게 비판하면서도 동포로서 갖는 한반도의 평화에 대한 생각을 밝히는 장면은 인상적이다.

"한국이 동포를 동포로 대한 적이 있소? 잘 살면 교포고 못 살면 외국인 아니요? 내 비록 조선족 출신이지만 난 100% 중국 사람이오. 우리 중국의 일관된 입장은 미국 애들이나 미국의 군사동맹 국가는 절대로 국경을 마주하지 않겠다는 것이오. (중략) 날 동포로 생각한다면, 동포 입장에서 내 한마디 하겠소. 막소, 이 전쟁."

〈황해〉(2010), 〈청년경찰〉(2017), 〈범죄도시〉(2017) 등 한국 영화에서 잔혹한 범죄자로 묘사되어 온 조선족 이미지에 대해 일갈하는 리홍장의 대사는 한반도의 평화를 실현하기 위해서는 정치적 이념 대립이 만들어낸 갈등과 편견을 넘어서는 민족적 화해가 통일의 중요한 과제임을 보여준다.

북한 1호를 지키기 위해 꺼져가는 생명과 사투를 벌이는 엄철우. 그에게 북한 1호만큼 소중한 것은 가족이다. 췌장암 말기 투병 중에도 아내와 딸을 안전하고 자유로운 곳으로 이주시키기 위해 목숨을 걸고 위험한 작전에 투입된 엄철우. 마지막 임무 수행을 위해 북으로 향하는 엄철우에게 남은 시간은 없다. 다시 만나지 못할 운명이라는 것을 알고 있는 곽철우는 위태롭지만 진심어린 말을 건넨다. "너 꼭 살아라" 이때 곽철우가 틀어놓은 GD의 'Missing You'가 흘러나오고, 딸이 좋아하는 남한 가수의 노래를 들으며 엄철우의 눈가가 촉촉해진다. 반복되는 후렴구는 오랜 시간 서로를 그리워했으나 결국 회한으로 남은 시간들을 대변하는 듯하다.

내 맘은 이리 울적한데 말할 사람이 없다

나도 가끔 활짝 웃고 싶은데 곁엔 아무도 없다

Maybe i'm missing you oh oh~

Maybe i'm missing you oh oh~

북한으로 넘어가는 땅굴 입구에 도착한 엄철우는 곽철우에게 두 가지 소원을 당부한다. 하나는 북한 1호의 무사귀환이고 다른 하나는 가족에게 전하는 선물이었다. 그가 아내와 딸을 위해 남한에서 구입한 고운 빛깔의 점퍼 두 벌이다. 선물을 전해줄 주소를 적은 쪽지를 건네고 고마운 악수를 청하는 엄철우의 모습은 피도 눈

물도 없는 공화국의 전사가 아니라 사랑하는 아내와 딸의 안전과
행복을 위해 희생하는 가장이자 아빠의 모습으로 전환된다.

"일이 잘 끝난다면 말이야요.

기래서 북남이 다시 왕복하게 되면 기때 이 주소로 좀 보내주시오.

연분홍 색은 얼나 꺼고, 감색은 여편녜 꺼요.

기동안 고마웠소, 남쪽 철우."

일촉즉발의 현장에서 전 세계인이 숨죽이며 지켜본 2018년 4월
27일 오전 9시 29분. TV에서 문재인 대통령과 김정은 위원장이
두 손을 마주잡은 순간을 찍은 내 스마트폰에 찍힌 시간이다. 지난
해 트럼프 대통령과 김정은 위원장이 서로를 향해 던진 인신공격적
인 막말들은 그 어떤 때보다 '전쟁'이라는 단어를 매우 현실적이고
소름끼치도록 현재화시켰다. 매일매일 폭력의 강도를 갱신하며 서
로를 향해 던졌던 말들의 질량과 동일하게 우리는 증폭되는 불안과
두려움에 짓눌려야 했다. 아무렇지 않아 보이는 우리들의 일상이
얼마나 깊은 분노와 슬픔, 눈물과 고통을 딛고 서 있는 위태로움인
지 알지 못하는 듯 쇼윈도 너머에서 한반도의 평화를 도구화하여
우리를 위협하는 현실이 안타깝고 화가 났다. 그즈음 소설가 한강
의 뉴욕타임즈 기고문을 읽으며 속으로 조용한 위안을 얻었고, 남
북 평화협력 기원 평양공연에서 강산에가 부른 '라구요'를 들으며
우리와 함께 눈물짓는 북한 주민들을 보면서 여전히 남과 북의 시

공간의 단절된 틈을 타고 흐르는 따뜻한 물줄기를 만난 것 같아 반가웠다. 여기서 떠오른 영화 〈강철비〉의 대사가 있다. "원래 하나였던 것은 다시 하나가 되어야 한다" 영화에서 차기 대통령으로 당선된 김경영이 취임사에서 한 말이다. '원래 하나였던 것'은 국가로서, 영토로서, 호칭으로서 존재했던 단일한 조국뿐만 아니라 우리가 갈라진 이후 난무했던 갈등과 반목의 말과 글, 이념과 제도를 뛰어넘어 아주 오래 전부터 우리 안에 면면히 흘러온 민족의 기질과 역사, 기억과 연대의 경험들을 포함한다. 냉전과 대치, 불온과 정쟁의 상징으로 점철된 판문점의 기억들은 이제 새로운 한반도를 이야기하는 역사의 스위치로 각색되고 있다.

4·27 남북 정상회담의 결과로 발표된 〈한반도의 평화와 번영, 통일을 위한 판문점 선언〉은 한반도의 비핵화와 평화 통일을 위한 화해와 협력을 공동의 목표로 내세웠다. 선언문에서 유심히 반복해서 읽었던 구절 중 '우리 민족의 운명은 우리 스스로 결정한다는 민족 자주의 원칙을 확인하였으며'라는 구절이었다. 강대국들의 힘겨루기와 안보 장사에 휘둘리지 않고 민족적 동일성과 간절함 염원을 실현시키는 주체로서 남과 북이 함께 하기로 했다는 의미에서 판문점 선언은 한반도 통일 시나리오의 강력하고 분명한 첫 장을 장식했다.

평화는 결과가 아니라 과정으로 존재해야 한다. 영화는 북한 1호의 무사귀환과 함께 북한이 보유한 핵무기의 절반을 남한이 양도받으면서 한반도의 평화를 위한 새로운 긴장과 균형의 물꼬를 트는 것으로 마무리된다. 우리는 이미 알고 있다. 평화가 한순간의 화해와 협력만으로 이루어질 수 있는 신기루가 아니라는 것을. 평화는 무수한 고통과 좌절 속에서도 희망을 잃지 않는 소박한 사람들의 따뜻한 마음이 핏줄처럼 이어져 만들어내는 실천이기 때문이다. 영화의 막바지에서 새로운 대통령의 취임사가 나직하게 흐르는 장면에서 다시 4월 27일의 판문점을 떠올린다.

> 사랑하고 존경하는 국민 여러분, 저는 무슨 일이 있어도 이 땅에 두 번 다시 전쟁이 있어서는 안 된다는 신념으로 북한의 대화 요청에 적극 나서려고 합니다. 원래 하나였던 나라는 반드시 하나의 나라로 다시 돌아가야 합니다. 그것이 지난 100년 간 이 땅에서 벌어진 수많은 비극을 치유하는 것이며 세계 평화에도 기여하는 일일 것입니다."

우리는 4·27 정상회담이 있던 날, 새소리 가득한 도보다리 위를 한적하게 걸어가는 남북의 정상들을 지켜봤다. 평화로운 오후의 햇살 아래 마주 앉은 두 사람의 모습은 〈강철비〉의 대통령 취임사가 현실에서 이루어지는 장면을 보는 듯 했다. 영화에서 곽철우가 엄철우에게 살아서 다시 만나자고 다짐했던 장면과 오버랩되는 도보다리 위의 장면은 인위적인 음악이나 멘트 없이도 지금 여기 한반도에서 우리가 가장 원하는 것이 무엇인지를 보여주는 명확하고 간절한 마음이었다.

에필로그

본 연구에서는 〈차이나는 무비 플러스〉를 통해 소개한 영화 및 앞으로 인문학콘텐츠 개발 및 길위의 인문학 로드 개발을 위한 역사적 장소와 공간들, 인물의 생애 자료를 조사하고, 정리했다. 영화를 통해 조선의 근대를 만나고, 한 시대를 살다간 이름없는 개인 혹은 독립운동가, 예술가, 정치인 등을 통해 근대의 정신과 흔적을 돌아보는 것을 목표로 했다. 구한말부터 해방공간을 거쳐 전쟁과 분단이라는 아픔을 간직한 채 살아온 한민족의 이야기를 영화라는 프레임을 통해 재조명하고, 다시 하나가 되기 위해 어떤 성찰과 화두가 필요한지 고민하는 출발점이 되었다.

본 연구에서 조명한 조선의 근대 풍경을 토대로 앞으로 구체적인 콘텐츠 제작 및 대중강연, 저술 발간을 위한 취재와 답사, 대중 토크쇼, 랜선 낭독프로그램 개발 등 다양한 기획을 진행할 예정이다. 영화에서 시작된 근대의 공간을 다양한 콘텐츠 속에서 비춰보고, 소통하는 시간을 통해 인문교육콘텐츠로서 본 연구가 갖는 확장성과 가치를 강화할 계획이다.

● ●〈길위의 인문학 드레싱〉과 테마로드 제안

별책부록에서 제안한 영화 속 인물과 장소를 찾아 떠나는 테마기행의 구체적인 루트와 스토리는 2단계 실행단계를 통해 실현해나갈 계획이다. 이를 위해 본 연구의 말미에 별책부록에 기본 답사 루트를 제안해본다.

별책부록

●● 윤동주 로드

– 윤동주의 생애를 따라 떠나는 테마기행
– 중국 : 연변 명동촌 고향 마을, 생가, 학교, 무덤
– 한국 : 서울 신촌 연세대 캠퍼스, 하숙집, 윤동주문학관,
　　　　윤동주 도서관
– 일본 : 도쿄 하숙집, 교토 릿쿄대, 후쿠오카 형무소

●● 이중섭 로드

– 이중섭의 가족사를 따라 떠나는 근대기행
– 일본 : 도쿄 무사시노미술대학, 분카학원
– 한국 : 부산 범일동 이중섭거리, 제주 정방동 이중섭거리,
　　　　이중섭 미술관, 통영 나전칠기기술원양성소

•• 이상 로드

– 식민지 조선의 모던걸, 모던보이들의 공간들
– 서촌 이상의 집, 제비다방 터, 소공동 신세계백화점
  (옛 미스코시백화점), 한국은행 화폐박물관

•• 전태일 로드

– 청년 전태일의 삶과 근대 산업화의 공간들
– 동대문 평화상가, 청계천, 전태일기념관, 전태일로